Georg Peinemann

Wir angeln Hechte

Georg Peinemann

Wir angeln Hechte
in Seen, Flüssen und Bächen

Mit 34 Zeichnungen und 21 Abbildungen, davon 9 farbig

1989

Verlag Paul Parey · Hamburg und Berlin

Von Georg Peinemann sind ferner erschienen:

Abenteuer Angeln. Tiere beobachten, Wandern, Räuchern, Pilze suchen und andere Naturfreuden. Mit ›Fisch und Fang‹-Schule für Spinnangler. 1984. 109 Seiten mit 45 Zeichnungen im Text und 33 Abbildungen auf 12 Tafeln, davon 21 farbig

Freude und Erfolg beim Spinnangeln mit Blinker, Spinner, Wobbler, Zocker, Spinnfliege, Wackelschwanz, Twister, Dorschknaller, Pilker und System. 1986. 108 Seiten mit 71 Einzeldarstellungen in 38 Zeichnungen und 15 farbigen Fotos auf 8 Tafeln

CIP-Titelaufnahme der Deutschen Bibliothek

Peinemann, Georg:
Wir angeln Hechte in Seen, Flüssen und Bächen / Georg
Peinemann. [Zeichn. von Jürgen Lorenz u. Erwin Staub]. –
Hamburg ; Berlin : Parey, 1989
ISBN 3-490-27414-8

Die Zeichnungen im Text stammen von Jürgen Lorenz (S. 55, 63, 75, 76, 83, 88) und Erwin Staub (S. 40, 42, 48, 51, 52, 56, 57, 59, 61, 71, 78, 81, 92)

Vorwort

Es gab Jahre in meiner Anglerlaufbahn, in denen mich überwiegend der Hecht interessierte. Das lag gewiß auch an der Art der Gewässer, die ich damals befischte, aber mehr noch an der Faszination und Ausstrahlung, die von diesem Raubfisch ausgeht. Man hat es mit einem urigen, kraftvollen, robusten Fisch zu tun, ungestüm und vorsichtig zugleich, zupackend und abwartend, je nach Situation und Laune. Später kam die ganze Palette der Angelfische hinzu; Meerforelle und Zander rückten zeitweise in den Vordergrund, aber die spannendsten Erlebnisse und Abenteuer am Fischwasser hatten unverkennbar Hechtgeruch. Ich angelte über fünf Jahrzehnte Hechte in kleinen, unscheinbaren Bächen, Flüssen und Kanälen, kleinen und großen Seen und im Brackwasser der Ostsee, die meisten mit künstlichen Ködern. Der Einsatz des lebenden Köderfisches, über viele Jahrzehnte Fangmethode Nummer eins, ist heute in einigen Bundesländern verboten, und auch dort, wo er nach dem Fischereigesetz erlaubt ist, kann der Angler, der keinen „vernünftigen Grund" für die Anwendung des lebenden Köderfisches anführt, mit dem Tierschutzgesetz in Konflikt kommen. Viele Hechtangler sind verunsichert. Um so wichtiger erscheint es mir, der großen Schar der Hechtangler ein Buch an die Hand zu geben, das ohne Wenn und Aber die Rechtssituation darlegt, andererseits aber alle Möglichkeiten des Hechtfanges mit der Angelrute praxisnah und leicht nachvollziehbar beschreibt. Des weiteren will dieses Buch, ohne erhobenen Zeigefinger, vermitteln, daß dem natur- und umweltbewußten Angler bei aller Passion daran liegt, den Hecht nicht als bloßes Fangobjekt, sondern als ein Wesen zu behandeln, das Schonung und Hege verdient.

In dieser Dreierbeziehung von Rechtsbelehrung, Fangmethoden und Hege dürfte das Neue und Aktuelle dieses Hechtbuches liegen. Möge es vielen Hechtanglern und solchen, die es werden wollen, helfen und nützen.

Hamburg, im Sommer 1989   Georg Peinemann

Inhalt

Ein Hecht zur rechten Zeit

Die Anfrage des Verlages Paul Parey, ob ich bereit sei, ein kleines, informatives Hechtbüchlein für Angler zu schreiben, erreichte mich zu einer Zeit, als *Esox lucius* mich gerade ganz schön an der Nase herumführte. So sehr ich mich auch bemühte, er verschmähte alle Köder, was ja sein gutes Recht ist, verlängert doch jeder Köder, den er ignoriert, sein Leben. Ich wohne direkt an einem See und komme mit vielen Anglern ins Gespräch. Hecht? Kennen wir nur noch aus der Erinnerung ... Ich wurde sogar zu einem Glückspilz mit besonderen Beziehungen zu Petrus hochstilisiert, weil ich drei Wochen zuvor einen 72 Zentimeter langen Hecht auf Blinker (9 Gramm) erwischt hatte. Aber trösten konnte mich dieser bescheidene Ruhm beim besten Willen nicht, und so hechtete ich, trotz der sommerlichen Hitze, unverzagt mit allen mir zur Verfügung stehenden Mitteln weiter. Das Wasser wimmelte im Uferbereich von Rotaugen, Brassen und Barschen, und man mußte nicht gerade Verhaltensforschung betreiben, um zu wissen, warum Freund Hecht sich nicht auf die Angelköder stürzte. Er hatte zu fast jeder Tages- und Nachtzeit das Maul und den Magen voll.

Zwei Tage nach dem Eingang der Anfrage wegen eines Hechtbuches hatte ich wieder einmal eine Rute mit einer etwa zehn Zentimeter langen toten Laube (Ukelei) an einer raubfischträchtigen Stelle des Sees ausgelegt, eigentlich mehr auf Zander als auf Hechte eingestellt. Ich mußte nicht lange warten. Die Pose tauchte weg, langsam, aber stetig lief Schnur von der Rolle. Zehn Meter ließ ich den Fisch mit seiner Beute ziehen, dann, bei gestreckter Schnur, ein gefühlvoller Anhieb – und schon zappelte es auf der Gegenseite. Leider rappelte es nicht. Schon nach wenigen Kurbelumdrehungen, bei mittelstark eingestellter Bremse, war mir klar, daß hier nicht die Wende meines bisher hechtarmen Sommers am Haken hing.

Zehn Meter vom Ufer schimmerte es golden. Ich konnte einen kiloschweren Barsch keschern, durchaus ein Fisch für ein zufriedenes Petri-Dank, zumal für einen Angler, der, bei aller Begeisterung für das vielfältige Naturerlebnis des Angelns, irgendwo im Hinterkopf auch an die

Hausfrau daheim und an ihre Küche denkt. Und Barschfilets, ganz zart gebraten . . . Schluß damit; ein Hechtbuch ist gefragt und kein Kochbuch.

Es heißt zwar im allgemeinen, große Barsche seien Einzelgänger, aber ich habe da meine eigenen Ansichten und Erfahrungen. Zwei oder drei gute Barsche an ein- und derselben Stelle, fast auf den Quadratmeter genau, das ist eher die Regel als die Ausnahme.

Übrigens: Auch die überlieferten, festen Regeln für den Hechtfang kann ich leider nicht in Bausch und Bogen anerkennen und übernehmen, aber darauf werde ich noch zurückkommen.

Erst einmal konnte ich mich über einen guten Barsch freuen, den ich ohne Verzögerung abschlug. Um das Ausnehmen und um die Untersuchung des Mageninhalts, beim Raubfischfang bei mir obligatorisch, würde ich mich später kümmern. Zunächst sollte die Rute wieder fangbereit gemacht werden. Langschenkeliger, brünierter Haken (Größe 3), Vorfach 0,35 mm, an keiner Stelle aufgerauht (der See ist an einigen Stellen übersät mit Muschelschalen), Wirbel drehte sich einwandfrei. Eine tote Laube, gut fingerlang, ohne viel Mätzchen und Verschlingungen im festen Fleisch der Schwanzwurzel angeködert, und schon stand die Pose wieder schräg auf der Wasseroberfläche, eine Stellung, die stets unverkennbar Grundberührung des neun Gramm schweren Bleies und des Köders signalisiert.

Wie oft hatte ich hier an dieser guten Stelle, 50 Meter seewärts vor einem abfließenden Graben, in besagtem schlechten Angelsommer schon stundenlang ohne die geringste Posenbewegung gesessen. Und jetzt setzte sich der rote, schlanke Bißanzeiger doch tatsächlich schon nach einstündiger Wartezeit erneut in Bewegung.

Ja, so konnte es von mir aus weitergehen. Die Pose kam wieder hoch, legte sich flach. Aha, mein Fisch hatte den Rand der Sandbank angeschwommen. War das schon alles? Nein, die Pose zitterte etwas, hoppelte dann zwei-, dreimal, tauchte plötzlich ab und zog unter Wasser, wie es sich für eine anständige Pose gehört, davon, etwas schneller als beim Barschbiß, aber keineswegs rasant.

Gut zehn Meter gab ich dem abziehenden Fisch, das genügt bei solch einem kleinen Köderfisch allemal. Anschlag, etwas kräftiger als zuvor, aber nicht mit roher Gewalt – und schon kam Freude auf. Das zappelte nicht mehr, das rappelte schon am anderen Ende. Der Fisch brach recht temperamentvoll seitlich aus, marschierte also nicht stur geradeaus. Das war kein flatterhafter Barsch, auch kein zum Grund hin pumpender Zander, also mußte eigentlich *Esox*, trotz des Überangebots an Futter, mein einsames Fischchen auf dem Grund angenommen haben.

Ich mache aus dem Drill nie vorrangig ein sportliches Vergnügen, sondern passe mich stets dem Fisch und den Umständen an, etwa nach der Faustregel: So kurz wie möglich, aber dennoch so lange wie nötig. In drei, vier Minuten war der Hecht in Ufernähe. Er mied meinen bereitgehaltenen Kescher und stieß in eine etwa einen Quadratmeter große, lichte Schilfinsel, zwei Meter links von mir. Sollte er ruhig tun. Ich denke in solchen Fällen nicht daran, ihn aus dem Schilf zu zerren oder mit dem Kescher durch das Gewirr der Schilfstengel und damit wahrscheinlich auch durch die Schnur zu fuhrwerken. Ich stieg mit Watstiefeln ins flache Wasser. Der Hecht stand, vom Drill erschöpft, ganz ruhig, mit massigem Schädel und schön gezeichnetem Rücken, direkt unter der Wasseroberfläche, richtig griffbereit, so schien mir. Den Kescher hatte ich am Ufer abgelegt. Die Schnur meiner Rute ging straff zum Hechtmaul. Stellungswechsel von der rechten in die linke Hand. Die Rechte griff, ohne zu zögern, kräftig und zupackend, in den Nacken des Fisches – und schon hatte ich meinen Sommer-Hecht am Ufer, 75 Zentimeter lang.

In der Pause zwischen Barsch und Hecht dachte ich über die Hechtfänge meiner Anglerlaufbahn nach, nachdem ich in der Nacht zuvor in meinen alten Fangbüchern geblättert hatte, für mich spannender als jeder Krimi. 40 Jahre Anglerlaufbahn, lassen wir die Jugendsünde einmal weg, jedes Jahr durchschnittlich zehn Hechte, macht rund 400 Hechte. Hechtfang in kleinen, unscheinbaren Bächen, in Flüssen und Seen und im Brackwasser der Ostsee, mit Köderfischen und mit allen gängigen, aber auch ungewöhnlichen künstlichen Ködern.

Und was sagte neulich der Kollege? „Mensch, ick riech den Hecht ja uch meilenweit jegen den Wind, wenn er an Land liegt, aber du riechst ihn ja sojar unter Wasser!" Das ist wohlmeinendes Anglerlatein, und davon soll hier nicht die Rede sein.

Aber ein spezielles Hechtbuch, praxisnah, nach Hecht riechend, mit vielen Tips und Informationen, ja, das sollte nach 40 Jahren Erfahrung mit *Esox* wohl drin sein. Winter und Hechtschonzeit stehen vor der Tür. Also schreiben wir das Buch für Hechtangler und alle, die es werden wollen.

Massenfänge nicht angebracht

Zehn Hechte pro Jahr – ich weiß, dieses Ergebnis nötigt einigen Hechtexperten nur ein müdes, mitleidiges Lächeln ab. Sie fangen im Schärengarten von Stockholm 200 Hechte in vierzehn Urlaubstagen, wobei die Frage erlaubt sei, was sie eigentlich mit diesen vielen Fischen machen. Von einer sinnvollen Verwertung kann ja wohl kaum die Rede sein. Aber auch zu Hause fangen solche Experten 50 oder 100 Hechte pro Jahr. Sie seien ihnen gegönnt, solange ihre Fänge nicht an die Substanz des Hechtbestandes in den betreffenden oder betroffenen Gewässern gehen. Man muß ja wohl billigerweise folgendes bedenken: Gibt es nur zehn solcher Experten in einem Verein, dann kommt bei 50 Hechten pro Jahr die stattliche Summe von 500 Hechten heraus, und es muß schon ein größeres und sehr gut besetztes Gewässer sein, das einen solchen alljährlichen Aderlaß verträgt.

Meine zehn Hechte pro Jahr verteilen sich auf drei Gewässer; es kommen also drei oder vier Hechte auf einen See. Beute oder „Ernte" in dieser Größenordnung kann man wohl jedem Angler zubilligen. Oder gibt es auch dabei schon Bedenken?

Mein Verein hat etwa 700 Mitglieder, und wenn jetzt die lupenreinen Statistiker zu rechnen anfangen, 700 × 3 Hechte, so weiß jeder erfahrene Angler, daß hier eine klassische Milchmädchenrechnung aufgemacht wird. Dazu die realistische Gegenrechnung: Von den 700 Anglern unseres Vereins sind etwa 100 Angler so aktiv, daß sie bei jedem Wetter ans Wasser fahren, der Rest angelt gelegentlich, vielleicht drei oder vier Wochenenden im Jahr. Es kommt ja nicht von ungefähr, daß über 50 Prozent der Fanglisten ohne Eintragung bleiben, nicht wegen mangelhafter Buchführung, sondern weil effektiv nichts gefangen wurde.

Aber die 100 Aktiven? Ihre „Entnahme" schlägt selbstverständlich zu Buch. Nun gibt es aber, gottlob, nicht nur Hechte im See und Hechtangler am See. 70 Angler aus der Gruppe der Aktiven suchen und finden Kontakt zu Karpfen, Schleie, Aal, Rotauge, Zander oder Barsch. Und den verbleibenden 30 Hechtanglern sollten wir ihre drei oder vier Hechte pro Jahr aus einem See wohl gönnen. Das Gewässer wird diese

Entnahme verschmerzen, wenn ausreichend natürlicher Nachwuchs aufkommt oder wenn vernünftig besetzt wird.

Die Seen, die ich vorwiegend beangle, wimmeln nicht gerade von Hechten, im Gegenteil, ich muß mir jeden guten Hecht „mühsam" erarbeiten. Zwar kann ich mir kaum eine schönere Arbeit vorstellen, aber es kommen immerhin manchmal 20 Angelstunden auf einen Hecht. Ich habe es mir, mit wenigen Ausnahmen, zur schönen Gewohnheit gemacht, mit dem Hechtangeln aufzuhören, wenn ich einen guten Hecht am Tag gelandet habe. Es lohnt sich meines Erachtens schon, wenn Vereine und Pächter darüber nachdenken würden, ob die vielfach noch übliche sogenannte „Fangbeschränkung" von drei Hechten pro Angeltag in einer Zeit allgemein abnehmender Raubfischbestände noch ihre Berechtigung hat. Obgleich es in einigen Gewässern gilt, den Hechtbestand gering zu halten, gibt es andererseits auch wichtige hegerische Gründe für den Erhalt oder die Aufstockung des Hechtbestandes, vor allem bei drohender und bereits eingetretener Verplietung eines Gewässers.

Zurücksetzen? Schön und gut. Aber Hand aufs Herz, und bitte eine ehrliche Antwort: Wie groß ist der Prozentsatz der zurückgesetzten Hechte, der diese Prozedur nur verletzt oder gar nicht überlebt?

Da ich, wie schon erwähnt, gern Hechte für die Küche mitnehme und damit guten Mutes und besten Gewissens in Kauf nehme, von stolzen Zurücksetzern abschätzig als Kochtopfangler bezeichnet zu werden, bin ich mit einem einzigen Hecht pro Angeltag rundum zufrieden. Und wenn ich nach diesem Hechtfang partout noch nicht nach Hause möchte, so lege ich mich halt mit Barschen, Aalen, Karpfen oder Rotaugen an. Den von mir favorisierten Zander nehme ich hier als Ersatzfisch aus. Will ich ihm an die Schuppen, so widme ich mich ihm voll und ganz. Und was für mich beim Hecht die Regel ist, höchstens einen pro Tag, das gilt für den Zander in besonderem Maße.

Disziplin und Verantwortung gehören zu unserem Hobby wie Naturliebe, Passion und Beherrschung des Handwerkszeugs, sprich der Geräte. Wir sind in der Natur nur geduldete Gäste, die sich anzupassen haben.

Der lebende Köderfisch und die Gesetze

Jeden Hechtangler interessiert nicht nur die Frage: Wo gefangen, sondern auch: Wie gefangen? Ich möchte sie als Autor eines Hechtbuches beantworten, ohne daraus in irgendeiner Form eine Vorbildfunktion abzuleiten.

Noch bevor mehr oder weniger kompetente Kritiker, geschweige denn der Gesetzgeber, den lebenden Köderfisch an der Hechtangel als schutzwürdig bezeichneten und daraus rechtliche Konsequenzen ableiteten, habe ich ausdauernd und erfolgreich mit der Spinnrute und künstlichen Ködern gefischt. So kommt es, daß ich von meinen 400 Hechten etwa 300 geblinkert und 100 mit lebendem oder totem Köderfisch geangelt habe. Aus diesem bevorzugten Umgang mit der Spinnrute resultiert auch mein Buch „Freude und Erfolg beim Spinnangeln", das ebenfalls im Verlag Paul Parey erschienen ist.

Es kann nicht Aufgabe dieses Buches sein, die leider stark mit Emotionen durchsetzte Diskussion für oder wider den lebenden Köderfisch hier ausführlich auszubreiten. Andererseits darf aber auch die Rechtslage nicht verschwiegen werden. Es wäre meines Erachtens unverantwortlich, im Stile älterer, oft recht guter Angelbücher einfach so zu tun, als sei der lebende Fisch an der Hechtangel *der* Hechtköder schlechthin. Darum kann ich dem Leser, in seinem eigenen Interesse, ein Kapitel „Rechtsbelehrung" nicht ersparen.

Zum Zeitpunkt der Drucklegung dieses Buches ist nach dem Fischereirecht in Bayern und im Hoheitsgebiet der Stadt Hamburg die Verwendung des lebenden Köderfisches grundsätzlich untersagt. In Nordrhein-Westfalen bedarf die Verwendung des lebenden Köderfisches der vorherigen schriftlichen Zustimmung der Fischereibehörde. In Rheinland-Pfalz und dem Saarland kann die Fischereibehörde den Fischfang mit lebendem Köderfisch für bestimmte Gewässer zulassen.

Man mag es bedauern oder nicht – viele Angler bedauern es –, der Trend zum Verbot des lebenden Köderfisches ist unverkennbar. Es gibt viele Hechtangler, denen diese einschneidende Veränderung so gegen die Hutschnur (und gegen die Angelschnur) geht, daß sie beschließen, das Hechtangeln ganz aufzugeben, wenn ihnen der lebende Köderfisch

14

vom Haken genommen wird. Diese Reaktion ist subjektiv zwar verständlich, meines Erachtens aber übertrieben.

Während die Gesetzeslage nach dem jeweiligen Fischereirecht der Länder, wenn schon nicht immer einsehbar, so doch klar überschaubar ist, nach dem Motto Verbot ist Verbot, wird die Sache rund um den lebenden Köderfisch durch das bundesweit geltende Tierschutzgesetz noch erheblich kompliziert, auch wenn alle Angler grundsätzlich den Tierschutz bejahen. Nach §17, Absatz 2b macht sich strafbar, wer ein Wirbeltier, der Fisch ist ein solches, „ohne vernünftigen Grund tötet oder ihm länger anhaltende oder sich wiederholende Schmerzen und Leiden zufügt". Dazu hat Richter Dietrich Müller in der Zeitschrift Fisch und Fang (Heft 8/88) bemerkenswerte Erläuterungen zur Rechtslage gegeben.

Mit dem Fang und der Verwertung eines Hechtes übt der Angler sein Fischereirecht aus, und auch nach dem Tierschutzgesetz liegt insoweit ein „vernünftiger Grund" vor. Bei der Verwendung des lebenden Köderfisches geht es um die Beantwortung der Frage, ob dabei dem Fisch „ohne vernünftigen Grund" Schmerzen und Leiden nach dem Tierschutzgesetz zugefügt werden. Wird die Frage eindeutig bejaht, so macht sich der Angler strafbar.

Nun könnte man einwenden, es sei wissenschaftlich überhaupt nicht geklärt, ob ein Fisch Schmerzen empfindet. Auf eine derartige Diskussion muß sich ein Gericht aber nicht einlassen, denn das Gesetz verbietet ja nicht nur Schmerzen, sondern auch Leiden. Und die Rechtsprechung, so D. Müller, geht davon aus, daß dem lebenden Köderfisch an der Angel erhebliche Leiden zugefügt werden. Unter „Leiden", in Auslegung des Tierschutzgesetzes, wird jede Beeinträchtigung des Wohlbefindens eines Wirbeltieres verstanden. Und bei dieser Auslegung kann, unabhängig von der Schmerzempfindung, davon ausgegangen werden, daß der Tatbestand nach §17, Absatz 2b, gegeben ist.

Dennoch kann der Angler nach dem Tierschutzgesetz nur bestraft werden, wenn kein „vernünftiger Grund" für die Verwendung des lebenden Köderfisches vorliegt. Dieser vernünftige Grund liegt nach geltender Rechtsauffassung nicht vor, wenn auch andere Methoden geeignet sind, zum Erfolg zu führen, zum Beispiel das Angeln mit dem toten Köderfisch oder der Einsatz von Blinker, Spinner, Wobbler, Plastikfisch oder anderer künstlicher Köder. Scheiden jedoch andere Methoden effektiv aus, so ist die Verwendung des lebenden Köderfisches nach dem Tierschutzgesetz nicht strafbar, ausgenommen, das geltende Fischereigesetz verbietet den Gebrauch des lebenden Köderfisches.

Nun kann aber ein Angler nicht einfach sagen: „Schön und gut, ich bin hier an diesem Platz unter den gegebenen Umständen nicht zum Erfolg gekommen . . .“ Er muß nicht nur eigenverantwortlich entscheiden, sondern unter Umständen auch beweisen können, daß er alle anderen Methoden vergeblich versucht hat.

Diese Eigenentscheidung läßt auch die Möglichkeit zu, daß in bestimmten Situationen der Einsatz des lebenden Köderfisches gerechtfertigt ist, also für diese Fangmethode ein „vernünftiger Grund“ vorliegt. Eine solche Situation könnte bei starker Verkrautung eines Gewässers oder Gewässerteiles gegeben sein oder bei unterschiedlicher Wassertiefe, die den Hechten Rückzugszonen bietet, die mit dem Spinnköder nicht zu erreichen sind. Starke Schlammablagerung, überhängender Uferbewuchs, sich auftürmende Hindernisse auf dem Gewässergrund könnten solche, den lebenden Köderfisch rechtfertigenden, Gründe sein oder auch notwendige Hegemaßnahmen, die mit künstlichen Ködern und dem toten Köderfisch nicht zu erreichen sind.

Ich habe im Kapitel „Grenzen des Spinnköders“ aus meiner langjährigen Erfahrung als Spinnangler Situationen aufgezeigt, in denen der Spinnköder, trotz aller Bemühungen, versagte.

Nur mit der ausdrücklichen Bitte, im eigenen Interesse die rechtlichen Bestimmungen der jeweiligen Fischereigesetze und des bundesweit geltenden Tierschutzgesetzes zu beachten, werde ich in diesem Buch auf die Verwendung des lebenden Köderfisches eingehen. Im Zweifelsfalle rate ich zum Verzicht, denn keine noch so ausgeprägte Passion und Begeisterung für das unverwechselbare Abenteuer Angeln würde einen schwerwiegenden und folgenreichen Gesetzesverstoß auch nur im Ansatz rechtfertigen.

Die Erwähnung des lebenden Köderfisches gehört auch deshalb in den Rahmen eines Hechtbuches, weil der Angeltourismus in Ländern ohne Köderfischverbot weit verbreitet ist und weil das vorliegende Buch selbstverständlich auch diesen Anglern im Ausland eine Hilfe sein will.

Zum Hechtsprung angesetzt. Foto J. Eggers

Wo steht der Hecht?

Kleine und mittlere Seen

Auf die Frage, wo der Hecht eigentlich zu suchen sei, antwortete ein guter Freund, der durchaus etwas vom Hechtangeln versteht, sibyllinisch: überall und nirgends. Mit dieser Antwort können wir uns natürlich nicht zufriedengaben, denn die Kenntnis über bevorzugte Standorte der Hechte ist eine Voraussetzung für den erfolgreichen Fang.

Doch so ganz unrecht hat der Freund nun auch wieder nicht, treffen wir *Esox* doch zuweilen an Stellen, die wir nie und nimmer als „hechtverdächtig" angesehen hätten. Grundsätzlich läßt sich sagen, daß der Hecht sich bevorzugt dort aufhält, wo er sein täglich Brot, also Futterfische findet. Gerade Spinnangler, die die Möglichkeit haben, mehr oder weniger systematisch ein Gewässer oder einen Teil davon mit dem künstlichen Köder abzusuchen, haben dabei bestimmt schon „unmögliche" Hechtstellen entdeckt, an denen der Fisch eigentlich, nach den üblichen Kriterien, gar nicht stehen dürfte.

Wo sich Futterfische, zum Beispiel Rotaugen, Rotfedern, Barsche oder Lauben, ansammeln, ist auch unser Freund *Esox* zu finden. Doch diese Grundregel muß relativiert werden. Wimmelt es im unmittelbaren Uferbereich von Fischbrut, so lockt diese Massenversammlung Barsche, Aale und Rapfen an, einen Hecht der besseren Sorte wird der Angler in diesem Gewühl aber vergeblich suchen. Mit zwei bis vier Zentimeter langen Fischlein gibt sich *Esox* kaum ab; ein Tiger wird ja auch kaum auf Mäuse Jagd machen. Dennoch wird die Brut der Friedfische durchaus von den Hechten „genutzt". Da der Hecht früher ablaicht als die Beutefische, findet die Hechtbrut reichlich „Kleinfischfutter" vor.

Das zähnestarrende Maul des großen Hechtes und die Stoßkraft des Hechtkörpers sind zum überfallartigen Packen eines Beutefisches bestimmt. Also Kleinzeug reizt ihn nicht. Das heißt nun aber nicht, daß er sich nur für große Happen interessiert. Dort, wo fingerlange Rotaugen in Ufernähe spielen, ist bei ausreichender Deckungsmöglichkeit auch manch guter Hecht zu finden. Ich habe früher in Nordfriesland mit fin-

Esox nahm den Blinker vor der Schilfkante. Foto E. Wiederholz

gerlangen Gründlingen, die dort reichlich vorkamen, durchaus auch Hechte um die 5-kg-Grenze geangelt. So ist es auch zu erklären, daß der Spinnangler mit relativ kleinen Blinkern von vier bis sechs Zentimetern starke Hechte fangen kann.

Da nach der Laichzeit der Hechte, zwischen März und Mai, im allgemeinen auch viele Kleinfische im Uferbereich sind, weil dort reichlich Nahrung anfällt, müßte eigentlich auch der Hecht dort zu finden sein. Hier gibt es aber wiederum eine Ausnahme von der Regel. Nach dem Laichen ziehen sich die Hechte fast immer in tiefere Wasserregionen zurück. Sie tun das zwar instinktiv; dieser Rückzug hat aber logische Gründe. Nach dem anstrengenden Laichvorgang ist der Hecht geschwächt. In diesem Zustand wäre er im flachen Uferbereich vielen Gefahren und Unruhen ausgesetzt. Reiher und Milane, aber auch andere Wasservögel könnten ihn beunruhigen und auch verletzen; unvernünftige Spaziergänger stoßen mit Stöcken und Stangen nach ihm. Trotz des verlockenden Futterangebots an Kleinfischen wäre es für den geschwächten Hecht in unmittelbarer Ufernähe ungemütlich. Darum erholt er sich in mittleren Wassertiefen, nicht etwa in der Seemitte, sondern durchaus noch im Uferbereich.

Ist *Esox* vier bis sechs Wochen nach dem Laichen wieder gut in Futter und in Form, kann man ihn gar nicht so selten in einer Wassertiefe von 1 bis 1,5 Metern erwischen. Er ist also wieder an den bequemen „Futtertrog" zurückgekehrt.

Besonders in großen Seen, wo Friedfischschwärme mehr oder weniger ungestört umherziehen, gibt es schlaue Einzelhechte, die die Schwärme über lange Zeiträume begleiten und sich „bedienen", wenn sie hungrig sind. Diese Hechte im schwimmenden Schlaraffenland sind schwer zu beangeln. Sie nehmen den Blinker nur, wenn sie sich durch ihn belästigt fühlen.

Ich habe die Hechtfangzonen über mehrere Jahre aufgezeichnet und kam zu dem Ergebnis, daß die Uferregion in einem Bereich von etwa 30 Metern besonders hechthaltig ist. Fast 80 Prozent meiner See-Hechte fing ich in diesem Bereich, darunter auch Exemplare über 7,5 kg. Natürlich gilt das nur für Gewässer, die vom Ufer aus stetig tiefer werden, die also, um ein Beispiel zu nennen, bei einer Durchschnittstiefe von sieben Metern, zehn Meter vom Ufer entfernt doch schon etwa zwei Meter tief sind. Ein See, in dem ein Badender noch 20 Meter vom Ufer entfernt nur bis zum Bauchnabel im Wasser steht, wird dort noch nicht hechthaltig sein.

Meine eigenen und die Erfahrungen anderer Angler haben aber gezeigt, daß auch im Sommer und Frühherbst die tieferen Bereiche zur Seemitte hin keineswegs hechtfrei sind. Bootsangler wissen, daß in der Tiefe zuweilen große Einzelgänger lauern, denn die Seemitte ist ja nicht gänzlich frei von Futterfischen. In der Tiefe findet der einzelgängerische Hecht größere Rotaugen und auch Barsche von der besseren Sorte. Doch die Mehrzahl der Hechte hält sich in den Monaten bis in den Oktober hinein im Uferbereich auf. Die Folge davon ist, daß in dieser Periode der Uferangler meist bessere Chancen hat als der Bootsangler, der in der Tiefe seine Hechte sucht.

Natürlich ist die Uferregion eines Sees sehr unterschiedlich mit Hechten besetzt. Das Wissen allein, daß unsere Hechte sich im Sommer und Frühherbst gern im nahrungsreichen Uferbereich aufhalten, hilft uns noch nicht viel weiter. Jetzt gilt es Stellen und Plätze zu finden, die den Hecht besonders reizen und anziehen. Das sind mit Vorrang solche Stellen und Regionen, die nicht schier, glatt und hindernisfrei sind. Jeder ins Wasser ragende Gegenstand, wie Bootssteg, Baum, Badebrücke und Weidezaun, jede „Klamotte" auf dem Grund, wie Findlinge, alte Baggerrohre, abgesoffene Boote, sich auftürmende Muschelbänke, ziehen Futterfische und damit auch Hechte an. Es ist verkehrt, diese Stellen wegen Hängergefahr zu meiden; der Angler muß vielmehr seine Angelmethode auf diese Hindernisse einstellen und dabei auch den einen oder anderen Hänger riskieren.

Verschilfte Uferstrecken, sofern sie nicht zu flach und morastig sind, locken den Hecht an. Besonders hechtträchtig sind weit ins Wasser ragende Weidenbüsche. Ihre Zweige und ihr Wurzelwerk sind für viele Fische Schutzburg und Vorratskammer zugleich. Was vor diesen Büschen planscht und spritzt, sind zwar oft die Rapfen, aber unten am Grund, unmittelbar unter den Zweigen, lauert *Esox*. Angler, die sich nicht trauen, diesen Bereich vor den Büschen mit Blinker oder Köderfisch abzusuchen, verzichten auf gute bis sehr gute Fangchancen. Ran an die Büsche! Spätestens beim dritten Hänger weiß man, wo die Drillingsfallen liegen, und stellt sich darauf ein. Der ungeübte Buschangler muß seinen Köder ja nicht zentimetergenau an den Busch heranzirkeln. Ein gut geführter Köder, einen Meter vom Busch und vom Wurzelwerk entfernt, lockt den Hecht aus seinem Versteck und aus seiner Reserve.

Weitere sehr gute Hechtstellen sind Graben- und Bacheinmündungen sowie Pfähle und Faschinen im tieferen Uferbereich. Sie erweisen sich allerdings als wirklich gefährlich. Der noch unerfahrene Angler sollte sie meiden, will er nicht durch ständigen Geräteverlust die Freude am Hechtangeln verlieren.

Der Bereich von Inseln und Halbinseln, dort, wo sie abfallen, also an der Scharkante, ist immer für Hechtüberraschungen gut. Auch sogenannte „ärgerliche" Krautfelder, das heißt Regionen mit Unterwasserpflanzen, sofern sie nicht zu dicht und üppig wuchern, sind ausgezeichnete Hechtplätze. Verständlich, denn hier gibt es Futterfische, und hier kann sich unser Hecht gut verstecken und tarnen. Also nicht fluchen, wenn der Drilling wiederholt „Salat", sprich Wasserpflanzen, zu Tage fördert, sondern nach Möglichkeit Schneisen suchen, flacher stellen oder weniger tief blinkern. Angler, die in einem See den Rändern der Seerosenfelder keine Beachtung schenken, haben selber Schuld, wenn sie Schneider bleiben. Diese Regionen sind immer hechtverdächtig, auch wenn sie zuweilen nur metertief sind. Der Hecht fühlt sich im Gewirr der Pflanzenstengel sicher, und Futterfische gibt es reichlich.

Wo also alles schier, hindernis- und damit auch hängerfrei ist, liegt im allgemeinen nicht das Revier unseres Freundes *Esox*. Doch auch hier gibt es Ausnahmen, zum Beispiel Badestellen nach dem Badebetrieb. Aber das ist nicht weiter verwunderlich und hat keineswegs damit zu tun, daß der Hecht etwa die Nähe von Menschen suchte. An diesen meist kiesig-sandigen Stellen wird im Sommer durch Badende viel Sand aufgewühlt, wobei kleine und kleinste Teilchen von Fischnahrung freigespült werden. Das machen sich ganze Schwärme von Kleinfischen zunutze. Sie gewöhnen sich auch an die ständige Unruhe und an Annäherungen, ja, sie umspielen zuweilen sogar die Beine der Badenden. Diese Sorglosigkeit und Neugier verlieren die Kleinfische auch nicht, wenn morgens oder abends der Badebetrieb ruht. Und welcher Hecht würde es sich wohl nehmen lassen, unvorsichtige Rotaugen und Brassen auf Trab zu bringen?

Mit deutlicher Abkühlung des Wassers Ende Oktober/Anfang November verlassen die Futterfische den Uferbereich. Dieser Wechsel vollzieht sich oft ziemlich abrupt. Während der Angler heute noch auf der Köderfischsenke zumindest kleinwüchsige Barsche fängt, zieht er einen oder zwei Tage später nur noch das leere Garn der Senke hoch.

Versuche mit der Stippangel vom Ufer und vom Boot aus haben ergeben, daß man das sogenannte Winter-Rotauge nach Anfütterung auch noch einige Meter vom Ufer entfernt fangen kann, aber viele Rotaugen und auch Brassen ziehen sich im kühlen Spätherbst in tiefere Regionen zurück. Der Hecht folgt ihnen, und jetzt im November/Dezember steigen die Chancen der Bootsangler, in den tiefen Seebereichen große Hechte zu fangen. Hechte sind zwar auch noch mit künstlichen Ködern oder Köderfisch vom Ufer aus zu fangen, aber auch der Uferangler tut jetzt gut daran, weiter auszuwerfen und seine Köder tiefer als im Sommer anzubieten.

Dieser Rückzug der Hechte in die Tiefe hat einmal mit dem Stellungswechsel der Futterfische und zum anderen mit der Tatsache zu tun, daß der Unterwasserbewuchs der Uferregion bis auf harte Algen mehr und mehr schrumpft. Das Kraut „fällt". Damit wird dem Hecht der Schutz genommen. Er zieht sich in das tiefere Wasser zurück. Bis hin zur Schonzeit, die im allgemeinen am 1. Januar beginnt, ist im November/Dezember die Zeit der Großhechte angebrochen. Entsprechend gut sind die Chancen wetterharter Angler.

Aus welchen Gründen versteckt sich unser Hecht wie ein Wegelagerer, wenn dieser uncharmante menschliche Vergleich erlaubt ist? Aus Furcht sicherlich nicht, denn in unseren Seen hat er kaum einen Feind zu fürchten, ausgenommen seine größeren Artgenossen und die Menschen, die ihn, gebraten, gebacken oder gekocht, als Nahrung schätzen. Der wehrhafte Fischotter, der ihn früher durchaus das Fürchten lehrte, ist vom Aussterben bedroht. Ich habe übrigens, nebenbei bemerkt, den stillen Hechtansitzen in Nordfriesland viele aufschlußreiche und spannende Fischotterbegegnungen zu verdanken.

Der Hauptgrund der Tarnung dürfte mehr in der lebensnotwendigen Aggressivität als in der Furcht des Hechtes zu suchen sein. Der Hecht ist ein typischer Lauerfisch. Zwar jagt er seine Beute auch über relativ kurze Strecken, aber sein Metier ist es, in seinem Versteck gut getarnt, auf einen vorüberschwimmenden Fisch zu lauern. Hat er ihn praktisch „vorm Maul", stößt er rasant auf den Fisch zu und packt ihn sehr oft beim ersten Angriff. Gelingt es dem Fisch, zu entkommen, verfolgt ihn der Hecht nur ein kurzes Stück und zieht sich dann wieder in sein Versteck zurück, um auf den nächsten Fisch zu warten. Sein Beutetrieb ist geweckt: In dieser Situation, nach dem vergeblichen Vorstoß, ist der Hecht besonders aggressiv.

Manchmal kommt es auch vor, daß der Hecht den Beutefisch bis an die Wasseroberfläche verfolgt und sie planschend durchbricht. „Der Hecht raubt", sagt der Angler, der jetzt weiß, wo er „seinen" Hecht suchen muß. In Raublaune, vor allem nach vergeblichem Vorstoß, wird der Hecht auch den gut angebotenen Köder nehmen.

An stillen Sommertagen habe ich vom Boot aus träge, im Mittelwasser dahinschwimmende Hechte beobachtet, die nur darauf zu lauern schienen, daß Futterfische über sie hinwegzogen. Dann verwandelte sich der träge „Baumstamm", gleichsam aus dem Stand, in eine emporschießende Rakete.

Große Seen

Wie wir gesehen haben, gibt es für kleine und mittlere Seen übereinstimmende Merkmale für den Standort und das Verhalten von Hechten. Bei den ganz großen Seen ist es hingegen sehr schwer oder gar unmöglich, pauschale Kriterien herauszustellen. Es wäre das Thema eines ganzen Buches, Fischvorkommen und Fischverhalten in verschiedenen Großgewässern darzulegen.

Sowohl im Edersee (12 qkm) als auch im Chiemsee (80 qkm) und Bodensee (540 qkm) gibt es kapitale Hechte, aber jeder See dieser Größenordnung hat unterschiedliche, kaum vergleichbare Ufer- und Bodenstrukturen. Auch die Schilf- und Bewuchszonen der einzelnen Seen sind oft sehr unterschiedlich. Die Hechte des Walchensees, früher ein Gletschersee, haben total andere Lebensbedingungen als die Hechte des mit 16 qkm etwa gleich großen Ratzeburger Sees. Angler berichteten mir, daß sie im 57 qkm großen Starnberger See in mehr als 30 Meter Tiefe schleppen. Im Plöner und im Ratzeburger See habe ich selber Hechte in drei bis fünf Meter Wassertiefe gefangen.

Trotz aller Unterschiede lassen sich gewisse Verhaltensweisen der Hechte aus mittleren Seen, entsprechend dimensioniert, auch auf Großseen übertragen. Natürlich ist der Flachwassergürtel des riesigen Bodensees um ein Vielfaches breiter als bei einem 3 bis 10 ha großen Gewässer, aber hier wie dort werden die meisten Hechte in der Uferregion gefangen, wie beispielsweise eine von Fachleuten für „Fisch und Fang" erstellte Gewässerzeichnung deutlich gemacht hat.

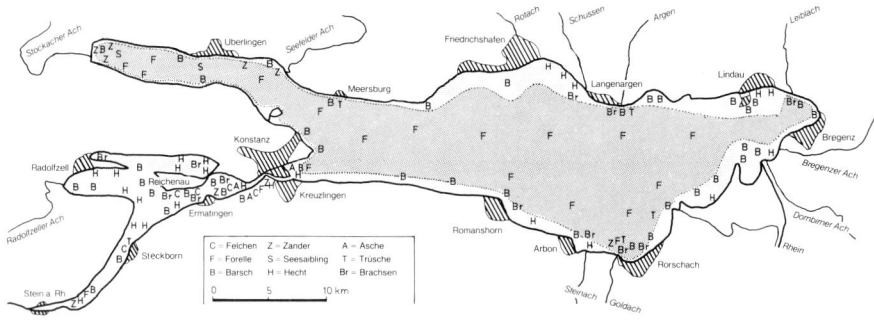

Gewässerzeichnung des Bodensees. Die Hechte (H) halten sich in den Randzonen auf. Aus Fisch und Fang, Heft 4/1984

So interessant es für mich während all meiner Angel- und Reisejahre war, die Angelrute war immer dabei, die jeweiligen Hechtstellen zu ergründen: Bei den Großseen wäre es unredlich, pauschalierende Gemeinsamkeiten zu konstruieren. Das wäre kein gesichertes Wissen, sondern Spekulation, und damit ist dem Hechtangler nicht gedient. Hier bleibt kein anderer Weg, als sich vor Ort mit einheimischen Fischern zu unterhalten und ihnen mit gebotener Rücksicht, aber auch durchaus erlaubter Anglerneugier auf die Finger und die Angelrute zu schauen oder nach Möglichkeit Berichte, Beschreibungen, Gewässerskizzen und vor allem Tiefenkarten zu studieren.

Flüsse

An den Flüssen tut der Angler gut daran, den Hecht während der ganzen Saison in den Randbereichen zu suchen. In der Mitte ist die Strömung oft zu stark, auch das Nahrungsangebot wird sehr schnell abgetrieben. Wie an den Seen muß der Angler auch am Strom zunächst mit den Augen angeln, auf Besonderheiten am Ufer und in den Randzonen der Flüsse achten. Das ist im allgemeinen leichter als an Seen, weil allein schon die Strömung Rückschlüsse auf Hechtstellen zuläßt und weil auch am Ufer die Merkmale, die Hechtplätze vermuten lassen, charakteristischer sind.

Jeder Gumpen mit verlangsamter Strömung und vor allem mit Dreh- und Rückströmung an den Randbereichen ist „verdächtig". Auch an den Ausläufern der Gumpen, dort, wo das Wasser allmählich wieder flacher wird, lauern oft Hechte. Jede Bach- und Grabeneinmündung führt Nahrung mit sich und lockt damit Kleinfische an. Da läßt *Esox* nicht lange auf sich warten. Oft lauert er direkt am vertieften Rand der Einmündung, dort, wo nur sanfte Drehströmung herrscht. Will der Angler ihn hier erwischen, muß er schon auf leisen Sohlen daherkommen. Ich habe es mir zur Gewohnheit gemacht, mich nach längeren Flußwanderungen über Stock und Stein und Weidezäune vor den Grabeneinmündungen erst einmal fünf Minuten auszuruhen, um dann mit der nötigen inneren Ruhe diese Stellen zu beangeln. Doch vor dem ersten Auswerfen, mit dem man schon alles gewinnen oder verderben kann, versuche ich, mir möglichst mit Hechtaugen ein Bild zu machen: Wo würde ich lauern, wenn ich ein Hecht wäre?

Brücken verdienen besondere Beachtung, vor allem dort, wo sich an den Pfeilern und Fundamenten Auskolkungen gebildet haben. Geflochtene Strauchfaschinen und Pfahlreihen im Wasser sind für Hechte und Angler gleichermaßen interessant. Die teilweise betonierten und mit Steinpackung befestigten Staubecken der Schöpfwerke, die nur Strömung aufweisen, wenn das Wasser ein- oder ausfließt, sind fast hundertprozentig Hechteinstände.

Jeder erfahrene Flußangler weiß, daß die Rück-, Kreisel- und Gegenströmungen hinter den Flußbuhnen ausgezeichnete Hechtplätze sind, zumal sich auch hier unmittelbar hinter den Buhnen Vertiefungen gebildet haben, die von Futterfischen nur so wimmeln.

Die Bereiche von Wassermühlen, ob stillgelegt oder in Betrieb, müssen vom Angler besonders sorgfältig beobachtet und beangelt werden. Das gleiche gilt für Absperrungen und Schleusenbauten, besonders wenn es sich um Holzkonstruktionen handelt. Kleine Staustufen im Fluß verlangsamen nicht nur die Strömung, sondern reichern das Wasser auch mit Sauerstoff an. Und oft lauert der Hecht hinter größeren Steinen im Fluß.

Uferabbrüche mit Staubildung und Rückströmung rufen den Hecht auf den Plan, und Uferunterspülungen aller Art und Größe, besonders solche hinter dicken Baumwurzeln, veranlassen den erfahrenen Hechtangler zu erhöhter Aufmerksamkeit. Dichte, fast undurchdringliche Schilfbestände im Uferbereich der Flüsse lassen wir ungeschoren, dort aber, wo sich Lücken und Schneisen gebildet haben, wird der Hechtangler mit Blinker oder Köderfisch aktiv, da diese Stellen vom Hecht gern zum Ausruhen und auch zum Rauben angenommen werden.

Haben sich an ruhigen Stromstrecken mehr oder weniger breite Streifen aus Unterwasserpflanzen gebildet, die den Weißfischen vielfältige Nahrung bieten, so sollte der Hechtangler vor diesem Pflanzengürtel seinen Köder anbieten, aber erst, nachdem er sich vergewissert hat, daß er gute Chancen hat, den gehakten Fisch auch zu landen. Ich will zwar an dieser Stelle noch nicht näher auf einen Vergleich lebender Köderfisch/künstlicher Köder eingehen, aber eines wird auch dem Laien klar sein: Die Bereiche vor einem zwei oder drei Meter breiten, dichten Krautgürtel kann man eigentlich nur mit dem Köderfisch an langer, kräftiger Rute auf Hecht beangeln.

Wie in den Seen, sind auch Seerosenfelder am Rande von Flüssen ein Eldorado für Fische aller Art und damit auch für unseren Hecht. Also niemals an „Mummeln", auch dort, wo sie nur kleinere Beete gebildet haben, achtlos vorbeigehen. Da Seerosenfelder fast nur im relativ flachen Stillwasserbereich der Flüsse liegen, sollte der Angler seinen Köder sehr behutsam an diese Zonen heranführen. Ich wechsele hier fast immer den Spinnköder, wähle einen kleinen Blinker oder Spinner oder einen flachlaufenden Wobbler. Diese kleine Mühe hat sich oft gelohnt. Wie schnell sich übrigens Hechte an Pfähle, Kanthölzer und Faschinen im Wasser gewöhnen, erlebte ich an der Soholmer Au in Nordfriesland. Wegen Erneuerung und Verbreiterung einer Straßenbrücke mußten lange Pfähle eingerammt werden. Ich angelte, das liegt jetzt wohl schon zwanzig Jahre zurück, mit Köderfischen im Bereich der neu eingesetzten dicken Pfähle, während in 50 bis 100 Meter Entfernung die Dampframme arbeitete und der ganze, leicht morastige Boden vibrierte. Die Hechte bissen wie nie zuvor in diesem Bereich. Ich kann zwar nicht beweisen, daß das Hämmern und Rammen die Hechte angelockt hat, aber von einer Scheuchwirkung kann noch viel weniger die Rede sein.

Bäche

Kein Hechtspezialist wird die Bäche und Gräben im Mündungsbereich von Seen und Flüssen unbeachtet lassen. Während der Laichzeit hat er Gelegenheit, „seine" Hechte im flachen Wasser zu beobachten – natürlich ohne Fanggerät. Die Rute sollte er erst wieder zur Hand nehmen, wenn der Laichvorgang zu Ende ist und wenn die Pflanzen am und im Bach sich gut entwickelt haben. Zwar wird er dann die abgelaichten Hechte kaum noch im Bach finden, weil sie schon wieder die tieferen Regionen der Seen und Flüsse aufgesucht haben, aber es gibt nach meinen langjährigen Erfahrungen ausgesprochene Bachhechte, und das keineswegs nur im Mündungsbereich. Voraussetzung dafür ist, daß ausreichend Futterfische oder andere Nahrung vorhanden sind und daß der Bach hin und wieder Gumpen aufweist und gut bewachsen ist.

Man glaubt gar nicht, wie gut sich auch größere Hechte in solch einem zwei bis drei Meter breiten Bach verstecken können und wie gut ihnen die abwechslungsreiche Nahrung bekommt. Wurzelwerk und Zweige am Wasser stehender Sträucher und Bäume sind für die Bachhechte ideale Verstecke. Pfähle und Planken alter Holzbrücken sind manchmal für Hechteinstände wie geschaffen, ebenso wie Uferunterspülungen und die manchmal recht tief ausgespülten Gumpen. Handelt es sich um Forellenbäche, wird der Bewirtschafter dankbar sein, wenn Spezialangler den Hechtbestand kurzhalten.

Den Hecht in solchen Bächen, oft an schwer zugänglichen Stellen, zu überlisten, ist ebenso reizvoll wie schwierig. Der Angler muß ein gutes Auge haben und schleichen können wie ein Indianer. Ich habe einige Jahre in einer bach- und grabenreichen Landschaft gelebt und denke gern an meine Hechtabenteuer dort zurück. An *Esox* herangekommen bin ich manchmal nur auf allen Vieren kriechend oder knieend. Aber die Freude, in einem schmalen Bach einen dreipfündigen Hecht zu „bändigen", sucht ihresgleichen.

Im Brackwasser der Ostsee

Der Vollständigkeit halber, und weil es sich um eine sehr reizvolle Art des Hechtfanges handelt, möchte ich noch kurz auf die Standplätze der Hechte im Brackwasser der Ostsee eingehen. Auf einigen Åland-Inseln sowie in buchtenreichen Abschnitten der südfinnischen Ostseeküste habe ich erlebt, wie hier über Nacht aus eingefleischten Köderfischanglern begeisterte Spinnfischer wurden.

Hinter jedem großen Stein oder aus dem Wasser herausragenden Fels kann ein Hecht lauern. Jeder Einschnitt, jede Bucht einer Insel, jede tiefere, meist sichtbare Rinne im felsigen Grund ist hier hechtverdächtig.

In diesen riesigen Revieren mit großem Hechtbestand habe ich auch schon mal meine anglerische Zurückhaltung, höchstens einen Hecht pro Tag zu fangen, aufgegeben. Ich erinnere mich gern eines für diese Reviere typischen Bildes: Ich blinkerte hinter großen, im Wasser liegenden Felsbrocken an einem Nachmittag drei Hechte über 5 kg. Alle waren, wie fast immer beim Blinkern, nur vorn im Maul gehakt und konnten problemlos vom Haken gelöst werden. Ich setzte sie zunächst in eine flache, wassergefüllte, schalenförmige Felsmulde, etwa zwei Meter im Durchmesser, und konnte mich nicht sattsehen an dem Bild der nebeneinanderstehenden, besonders schön gezeichneten Ostsee-Hechte. Da die zurückkehrenden Kollegen schon reichlich für Proviant gesorgt hatten, bekamen die drei Hechte in der „Badewanne", nach gebührender Bewunderung, unverletzt ihre Freiheit wieder.

Zehn-Kilo-Hechte und ihre Fänger unter der Lupe

Nachdem wir jetzt wissen oder ahnen, wo die Hechte stehen, sollten wir versuchen, sie zu fangen. Ich bitte noch um etwas Geduld. Bevor wir uns mit dem richtigen Einsatz der künstlichen und der natürlichen Köder befassen, noch ein paar kritische Gedanken über den Fang überdurchschnittlich großer Hechte.

Mir sind in meiner anglerischen Laufbahn hin und wieder Angler begegnet, die von sich behaupteten, nur oder überwiegend kapitale Großhechte über zehn kg zu fangen. Ich gebe gern zu, daß ich über solche Leute staunte; leider aber hat sich ihre Behauptung fast immer als bewußte oder unbewußte Täuschung erwiesen. Da fängt ein Hechtspezialist an einem sehr guten Gewässer zweimal Hechte von über zehn kg, und schon macht er sich selber oder es machen ihn andere Angler zum Superhecht-Fänger.

Da ich viele Jahre als Chefredakteur von „Fisch und Fang" (bis 1.1.1987) das Angeln und alles, was damit zusammenhängt, wenn man so will, beruflich betrieben habe, hatte ich mehrfach Gelegenheit, durch kritische Recherchen und durch Augenschein Gerüchten nachzugehen, wonach der eine oder andere Angler ausschließlich Großhechte fangen würde.

Skeptisch war ich von vornherein, denn wie will ein solcher Angler verhindern, daß auch mal ein minder großer Hecht seinen Köder nimmt? Durch überdimensional große Köder? Auch einen solchen Großköder-Experten lernte ich kennen. Er „arbeitete" nachweislich mit Köderfischen, überwiegend Karpfen, über ein kg Gewicht. Obgleich ich diesen Experten, der heute nicht mehr lebt, bat, mir jeden gefangenen Großhecht zu melden, kam vom Juli bis einschließlich Dezember keine Vollzugsmeldung, will man von einem für mich beachtlichen 5-kg-Hecht einmal absehen. Er hatte sich ja selber die 10-kg-Grenze gesetzt.

Aber selbst wenn dieser Angler, den ich einmal begleitete, auch den einen oder anderen Hecht über zehn kg gefangen hätte, würde mir das mit dieser Methode nicht imponieren; ich würde, ehrlich gesagt, vor Nachahmungen dringend warnen.

29

Der Bißanzeiger, der einen 1000 g schweren Köderfisch tragen soll, hat eher die Dimensionen einer Boje als die einer Pose. Der Drilling für solch einen „Köderfisch" muß schon gewisse Ähnlichkeit mit einem Anker haben. Und von Auswerfen des Köders kann bei diesem Gewicht wohl auch kaum die Rede sein, man kann ihn höchstens vorsichtig zu Wasser lassen. Die Rute muß eindeutig im Bereich der Hochsee-Angelgeräte liegen. Wie der Drill mit einem derartigen „Besenstiel" aussieht, kann sich jeder Angler, der auf ausgewogenes Gerät Wert legt, wohl ausmalen. Abgesehen davon, daß ich Karpfen nicht als Köder verwenden würde, ist ein derartiger Einsatz von Kilofischen als Köder grundsätzlich abzulehnen. Welcher Angler könnte es wohl verantworten, permanent über längere Zeiträume kiloschwere lebende Köderfische anzubieten, bis sich, vielleicht, irgendwann einmal ein Großhecht erbarmt und den Köder schluckt. Also, vergessen wir diese Methode.

Selbstverständlich gibt es erfolgreiche Hechtangler, die häufiger als andere Bekanntschaft mit Hechten über 10 kg Gewicht machen. Es sind meist Angler, die das Gewässer, vor allem seine Bodenbeschaffenheit, bestens kennen. Sie verfügen auch sonst über gute Angelkenntnisse und fischen mit einem Topgeschirr, und dazu kommt dann noch eine gute Hechtnase. Köderfische von 1000 g? Nein, diese Spezialisten bieten dort, wo es die Gesetze erlauben, Köderfische, meist Rotaugen, von 200 bis 300 g an. Was spräche wohl dafür, daß sie mit dieser Montage nur oder überwiegend Großhechte fangen sollten?

Mit einem Angler, dem ein entsprechender Großhechtruf vorauseilte, habe ich in einer günstigen Jahreszeit an einem guten Hechtgewässer drei lange Nachmittage in einem Boot gesessen. Der Meister gestattete mir, mit einer Rute von dreien bescheiden mitzuhalten. Ein guter 4-kg-Hecht, der endlich am dritten Tag im Boot lag, hatte ausgerechnet mir die Ehre gegeben.

Ich schreibe über die Großhechtarien hier nur deshalb so ausführlich, um Enttäuschungen vorzubeugen. Angler, die sich, angeregt durch „unglaubliche Drillgeschichten", nur noch für Hechte über 10 kg interessieren, müssen, je nach dem Grad ihrer Geduld, über kurz oder lang enttäuscht werden, und einige, die sich ihre Enttäuschung nicht anmerken lassen wollen, vermengen in ihren Erzählungen dann Wunschvorstellung und Realität.

Und die Angler, die über Großhechte ihren Weg in die Fachpresse finden? Es ist nachgewiesen, daß die meisten dieser Rekordhechte über 10 oder 15 kg mehr oder weniger Zufallsfänge waren. Die Angler hofften

Taucher und Hecht. So leicht läßt Esox sich nicht verscheuchen. Foto P. W. Munzinger

Mit dem Wobbler gefangen. Foto J. Olsson

Ein Hecht – wie
aus dem Bilder-
buch.
Foto J. Wilson

auf einen guten Hecht, und dann kam plötzlich der große Augenblick. Das schmälert ihre Leistung überhaupt nicht. Im Gegenteil, es verdient Anerkennung, wie sie diese überraschende Situation meisterten.

Ich kenne einen liebenswerten Anglerkollegen, der nunmehr schon über fünf Jahre auf einen 20-kg-Hecht ansitzt. Er schwört auf diesen Fisch. Ein Taucher hat ihn zweimal an einer bestimmten Stelle des Sees gesehen. Taucher und Angler sagen: Irrtum ausgeschlossen. Dieser Riese beflügelt die Phantasie des Anglers. Und wenn er ihn auch bis heute noch nicht gefangen hat, so brachten ihm die vielen Ansitzstunden auf „seinen" Superfisch doch schon mehrere Hechte über 4 kg. Zusammengenommen werden vielleicht schon 20 kg dabei herausgekommen sein. Und wenn der Superhecht nicht gestorben ist ...

Gönnen wir jedem Angler, der mit vernünftigen Methoden sportlich seinen Traumhecht fängt, die Erfüllung seines Traumes. Doch die Freude über das Hechtangeln beginnt nicht erst jenseits der 10-kg-Grenze. Sonst könnten die Angler, denen nur kleinere Gewässer mit „normalen" Hechten zur Verfügung stehen, gleich einpacken.

Wir sollten Hechtgewichte relativieren. Der Angler, der in einem 1–2 m breiten Bach, mit relativ leichtem Gerät nach schweißtreibender Pirsch, einen 2-kg-Hecht keschert, hat gute Gründe für kapitale Angelfreuden. Nimmt in einem 5 m breiten Fluß ein 3-kg-Hecht den Blinker, so verdient dieses Ereignis schon als seltene Beute eine rot unterstrichene Meldung im Fangbuch, und wenn uns ein normaler Hechtsee nach gründlicher, verantwortungsbewußter Fischwaid einen 4-kg-Hecht spendiert, so ist das durchaus ein besonderer Fangtag.

Ich finde es gut, daß der Verein, dem ich angehöre, vor einigen Jahren das Mindestmaß für Hechte von 40 auf 50 cm heraufgesetzt hat. Ich lege für mich gern noch 10 cm freiwillig dazu, würde aber keinen Angler geringachten, der einen Hecht von 52 cm mitnimmt.

Das Durchschnittsgewicht der von mir gefangenen Hechte kommt auf 2–3 kg, und es besteht für mich keine Veranlassung zu verschweigen, daß ich in vier Jahrzehnten neben vielen anderen Fischen „nur" vier Hechte über 10 kg gefangen habe.

Die schwersten Hechte

In phantasievollen Angelgeschichten, oft von Nichtanglern geschrieben, ist von zentnerschweren und hundert Jahre alten Hechten, mit Moos und Muscheln auf dem Rücken, die Rede. Sie schwimmen als „Süßwasserhaie" und „Krokodile" durch die sagenhaften Hechtgeschichten. Streifen wir Moos, Muscheln und die übermäßig entwickelte Phantasie einmal ab, so ist es fast immer angebracht, das Gewicht von hundert Pfund zu halbieren und das Alter von hundert Jahren durch fünf oder sechs zu teilen, dann kommen wir in etwa auf reale Werte. Auch starke, kapitale Hechte sind in der Regel kaum älter als 15 Jahre. Ein schwedischer Hecht von fast 25 kg soll 30 Jahre alt gewesen sein, und damit dürfte auch wohl die absolute Obergrenze erreicht sein. Also, nichts da mit hundert Jahren und mit einem Zentner Lebendgewicht.

Trotzdem ist die Rekordliste der schwersten mit der Angelrute gefangenen Hechte eindrucksvoll. Die Fangliste mit diesen Superhechten verdanke ich dem „Hecht-Detektiv" Jan Eggers aus Holland, der nicht eher ruht, bis er die kapitalen Hechte aus aller Welt im „Kescher", sprich Archiv, hat:

1. 27,5 kg, J. Schirschesch, Omutinsk-Stausee, Rußland, Januar 1972 auf Spinnköder
2. 26,57 kg, Fehmi Varli, Järnnafjärden, Schweden, Juni 1986 auf Blinker
3. 25,4 kg, Jiri Blaha, Lipno-Stausee, CSSR, Dezember 1979 auf Köderfisch
4. 25 kg, Lothar Louis, Baggersee Greffern, Bundesrepublik, Oktober 1986 auf Blinker
5. 24,32 kg, Djula Kralik, Baggersee bei Darmstadt, Bundesrepublik, März 1981 auf Köderfisch
6. 24,17 kg, Fehmi Varli, Norra Mörkö, Schweden, Juli 1984 auf Wobbler
7. 24,15 kg, Waclaw Biegan, Nida-Fluß, Polen, auf Froschköder
8. 23,7 kg, F. Witzany, Goslar, Sieverscher Teich, Bundesrepublik, September 1971 auf Köderfisch
9. 23,5 kg, Albert Schmidt, Drau-Fluß, Österreich, September 1974 auf Köderfisch

10. 23,2 kg, Dieter Ladwig, Klopeiner See, Österreich, Mai 1976 auf Köderfisch
11. 23,2 kg, Herr Montes, Buendia-Stausee, Spanien, Herbst 1974 auf Köderfisch
12. 23 kg, Helmut Firzinger, Irr-See, Österreich, November 1978 auf Köderfisch
13. 22,74 kg, Roy Tait, Tyrifjorden, Norwegen, Mai 1976 auf Wobbler
14. 22,5 kg, Georg Lööf, Mälaren, Schweden, Juni 1973 auf Spinner
15. 22,5 kg, Friedemann Klein, Unterbacher See, Bundesrepublik, März 1972 auf Köderfisch
16. 22,4 kg, Roswitha Offner, Drau-Fluß, Österreich, Dezember 1983 auf Köderfisch
17. 22,4 kg, Heinz Niemitz, Horhäuser Baggersee, Bundesrepublik, Februar 1977 auf Blinker
18. 22,1 kg, Raimund Schellenberger, Riedelsee, Bundesrepublik, Oktober 1986 auf Köderfisch
19. 22 kg, Horst Braun, Willersinn Weiher, Bundesrepublik, Herbst 1982 auf Köderfisch
20. 22 kg, Knud Westermann, See bei Tranekaer, Dänemark, Dezember 1953 auf Blinker
21. 22 kg, Uula Jomppanen, Juutuanjoki-Fluß, Finnland, Juni 1969 auf Wobbler

Verblüffend ist die Tatsache, daß immerhin neun der hier genannten 21 Großhechte mit künstlichen Ködern (Blinker, Spinner, Wobbler) gefangen worden sind. Ich weiß zwar aus langjährigen Erfahrungen, daß es sehr schwer und manchmal unmöglich ist, an bestimmten unzugänglichen und blinker-schwierigen Stellen mit dem Spinnköder die wirklich kapitalen Hechte zu fangen, aber grundsätzlich ist auch der Spinnköder ein „Kapital-Fänger".

Ich habe hier ganz bewußt nur die bekanntgewordenen Großhechtfänge mit der Angelrute berücksichtigt. Wenn auch die Berichte über zentnerschwere Hechte ins Reich der Fabel zu verweisen sind, ist es keineswegs ausgeschlossen, daß es sehr vereinzelt Hechte über 35 bis 40 kg gibt. 30-kg-Fische kommen wahrscheinlich häufiger vor als wir denken. Arno Wilhelm aus Dannstadt fing in seinem nur zwei Hektar großen Pachtgewässer einen 146 cm langen und 30,5 kg schweren Hecht, aber nicht mit der Angelrute, sondern mit dem Netz.

Die auf der folgenden Doppelseite gezeigten Fotos stellte mir ebenfalls „Hecht-Detektiv" Jan Eggers zur Verfügung.

Djula Kralik, Deutschland, mit Hecht
von 24,3 kg

Oben: Fehmi Varli aus Schweden mit Hecht vo
26,5 kg. Darunter: Helmut Firzinger, Österreich
mit einem 23 kg schweren Hecht

Roy Tait, Norwegen,
mit Hecht von 22,7 kg

F. Witzany, Deutschland,
mit 23,7 kg schwerem Hecht

Dieter Ladwig, Österreich,
mit Hecht von 23,2 kg

Diesen 25-kg-Hecht blinkerte
Lothar Louis, Deutschland

Oben: Albert Schmidt, Österreich, fing diesen 23,5 kg schweren Hecht.
Darunter: Heinz Niemitz, Deutschland, mit 22,4 kg schwerem Hecht

Friedemann Klein, Deutschland, mit
einem Hecht von 22,5 kg

Raimund Schellenberger, Deutschland, mit 22,1-kg-Hecht und
Roswitha Offner aus Österreich mit 22,4 kg schwerem Hecht

Vielseitiges Spinnangeln

Das Spinnangeln hat zwar seit der Diskussion und gebietsweise dem Verbot des lebenden Köderfisches, manchmal mehr der Not gehorchend, neue Freunde gewonnen, es gilt aber bei vielen Anglern immer noch, zu Unrecht, als zu aufwendig und wenig erfolgversprechend. Ein Hamburger Angler sagte mir nach dem Verbot des lebenden Köderfisches für Gewässer der Hansestadt: „Ein Stück Blech kann niemals einen richtigen Fisch ersetzen ..."

Immer noch spukt bei vielen Anglern das alte Vorurteil vom rutenschwingenden „Eisenangler" herum, aber noch stärker stehen die schlechten Erfahrungen vieler Angler beim Spinnangeln dem Durchbruch dieser Angelart auf breiter Front entgegen. Jeder Angler hat wohl irgendwann einmal versucht, auf Blinker einen Hecht zu fangen, meist mehr dem Zufall oder Glück als seinem Können und Wissen um diese Angelart vertrauend. So ein Dings (Blinker) auswerfen – kein Problem, das kann doch jeder. Und dann das Ding wild kurbelnd wieder einholen – nichts leichter als das.

Nun hat aber das Spinnangeln seine eigenen Gesetze und eine spezielle Technik, die man erlernen und trainieren muß. Will ein Raubfischangler über den notorischen Ärger wegen ständiger Blinkerverluste durch Hänger hinauskommen, will er mehr erreichen als gelegentliche Zufallsfänge, so muß er sich schon die Mühe machen, sich mit der „hohen Kunst" des Spinnangelns näher zu befassen. Und damit sollte der Angler nicht erst warten, bis auch in seinem Bundesland die Verwendung des lebenden Köderfisches beim Raubfischfang verboten wird, sondern er sollte sich schon vorher intensiv mit dem Spinnangeln befassen. Dann wird er auch bald feststellen, daß der Umgang mit der Spinnrute sehr interessant, vielseitig und keineswegs nur ein mehr oder weniger ungeliebter Ersatz für das Angeln mit dem Köderfisch ist.

Die Bezeichnung „Spinnen" kommt aus dem Englischen „to spin" und steht, recht bildhaft, für wirbeln, trudeln, rollen, sich schnell drehen. Damit sind natürlich nicht die Bewegungen des Anglers, sondern die der künstlichen Köder gemeint. Dabei kommt es schon darauf an, ihnen den richtigen „Dreh" zu geben. Außerdem muß der Angler wissen, wann und wo er welchen Köder einsetzt, denn es gibt, wie wir noch sehen werden, viele verschiedene Spinnköder, und jeder lockt und reizt auf seine besondere Weise. Wenn der Angler dann lernt, wie er den Köder richtig auswirft und, noch wichtiger, verführerisch einholt, so ist das schon der halbe Weg zum Erfolg.

Das Wort „Sport" finde ich im Zusammenhang mit dem Angeln zumindest problematisch, weil unsere Beschäftigung am Wasser auch von uns verlangt, einen gefangenen Fisch zu töten. Trotzdem hat sich die Bezeichnung „Sportangler", im Unterschied zum Berufsfischer, allgemein durchgesetzt. Ich will darüber hier auch gar nicht weiter diskutieren; das soll jeder halten, wie er mag. Daß aber das Spinnangeln in seinen Bewegungsabläufen durchaus sportliche Aspekte hat, weiß jeder Petri-Jünger, der diese schöne Angelart mit Begeisterung und Verstand betreibt.

Das Spinnangeln ist mit ständiger Bewegung verbunden. Da der Angler fast immer unwegsames Ufergelände mit vielen Hindernissen und „Stolpersteinen" bewältigen muß, sind die Körperbewegungen erheblich intensiver als beispielsweise beim normalen Wandern. Er muß über Zäune und Baumwurzeln turnen, rutschige Steilufer erklettern oder hinabsteigen, hier und da über Bretter, Bohlen und Stege balancieren, Halt suchend durch strömendes Wasser waten, durch Uferbüsche klettern und manchmal mit Watanzug bis zum Bauchnabel und tiefer im Wasser stehen.

Das ist bei weitem noch nicht alles. Seine Finger, Hände und Arme braucht der Angler ja nicht nur zum gelegentlichen Festhalten, sondern in erster Linie zum Bedienen der Spinnrute. Auswerfen in verschiedenen Techniken, die wir noch kennenlernen werden, intensive Beanspruchung der Hand- und Fingermuskulatur beim Betätigen der Rollenkurbel und, wir wollen das bei aller gebotenen Sportlichkeit ja nicht vergessen, dem Drill eines großen Hechtes und beim geschickten Keschern des Fisches.

Spinnangler, die in einigen Stunden einen See umrunden oder drei bis fünf Kilometer Flußufer „abklappern", zwar mit Ruhepausen, aber doch voller Aufmerksamkeit, sie wissen nach einem solchen Törn, was sie sportlich geleistet haben. Während ich im allgemeinen nachts eher zu den unruhigen „Geistern" zähle, schlafe ich nach einem ausgedehnten Blinkertrip über Stock und Stein wie ein Murmeltier, höchstens daß ich im Traum noch einmal erfolgreich den Kapitalen drille, der mir am Tage abgekommen war.

Da auch die schönste Freizeitbeschäftigung am Wasser uns nicht kör-

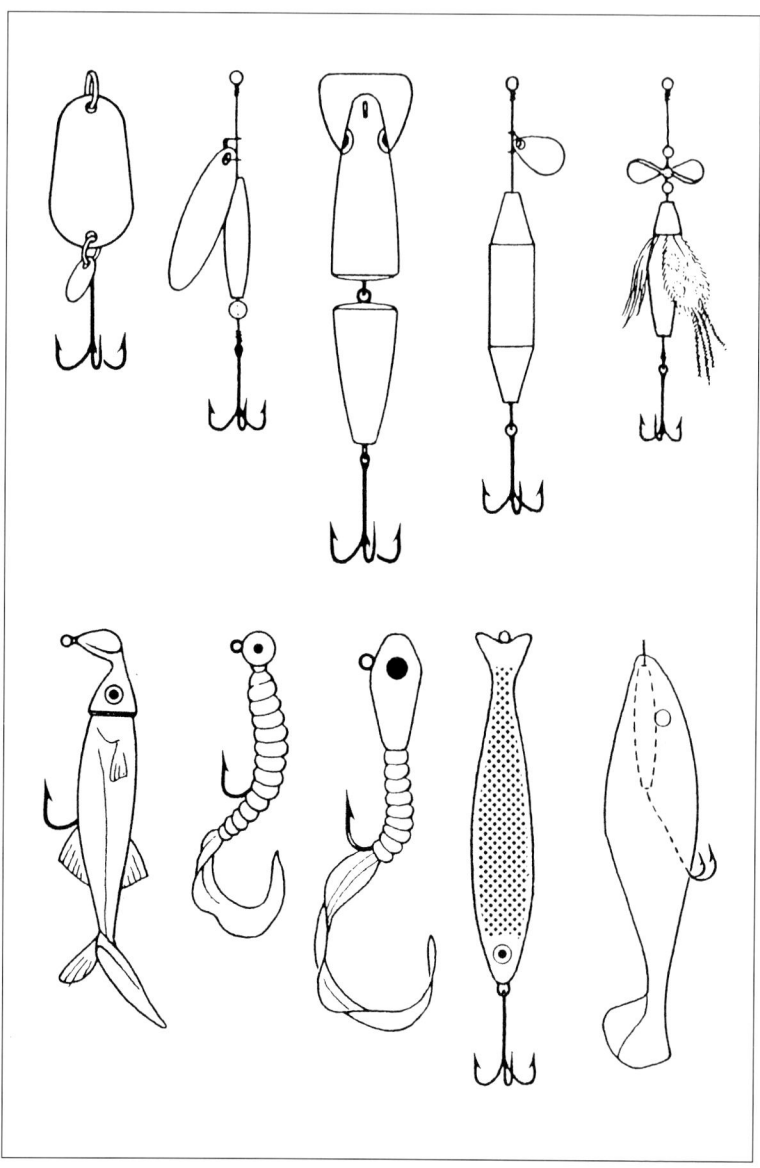

Von links nach rechts: Obere Reihe: Blinker, Spinner, Wobbler, Zocker, Spinnfliege. Untere Reihe: Wackelschwanz, Twister, Dorschknaller, Pilker, Weichplastikfisch

perlich überstrapazieren soll, ist es schon wichtig zu wissen, was wir uns zutrauen können. Aber das Spinnangeln läßt sich auch dosieren. Man kann es seiner Gesundheit und seinem körperlichen Befinden anpassen, indem der Angler schwierige Uferstrecken meidet, keine allzu großen Entfernungen zurücklegt und bei aller Passion öfter mal ausruht. Meine Frau macht es sich an Seen und Flüssen bisweilen an einer einzigen Stelle mit der Spinnrute gemütlich, während ich immer auf der Suche nach dem großen Fisch bin. Wenn ich dann manchmal erschöpft zurückkomme, wundere ich mich über einen schönen Fisch, der bei ihr im Grase liegt. Auch meine Frage: „Sag mal, wer hat dir denn den geschenkt?" bringt sie nicht aus der Ruhe.

Das Sortiment an Spinnködern ist äußerst vielfältig. Wir wollen uns im Rahmen unseres Ausfluges in die Welt des Hechtangelns mit folgenden künstlichen Ködern befassen:

Blinker	Plastikfisch
Spinner	Spinnfliege und Streamer
Wobbler	Dorschknaller
Twister (ohne und mit Spinnerblatt)	Zocker
Wackelschwanz	Pilker

Das System mit dem toten Köderfisch, das eigentlich auch zum Spinnangeln gehört, wird im Köderfisch-Kapitel besprochen.

Selbstverständlich habe ich als passionierter Spinnangler mit allen käuflichen und selbstgemachten künstlichen Ködern, einschließlich der nachgemachten Maus, experimentiert und gefangen. Doch die Ergebnisse auf Hecht sind von Köder zu Köder sehr unterschiedlich; denn es stimmt einfach nicht, daß der Hecht, wenn er nur richtig hungrig ist, „auf alles geht". Jeder erfahrene Spinnangler hält für *Esox* seinen „Favoritköder" parat. Er glaubt an diesen Köder, weil er damit schon den einen oder anderen Hecht gefangen hat. Dennoch sollte diese verständliche Gewöhnung nicht so weit gehen, andere Spinnköder vollends zu vergessen. Der Reiz des Spinnangelns liegt u. a. auch in der Vielfalt der Anwendungsmöglichkeiten.

Der Blinker

Für mich ist die Frage, welchem Spinnköder ich den Vorzug gebe, nach rund 40jähriger Anglererfahrung relativ leicht zu beantworten. Für mich ist der richtig geführte Blinker immer noch der beste Hechtköder.

Daher ist es auch verständlich, daß ich in Büchern, Aufsätzen und Gesprächen am Fischwasser den noch unerfahrenen Spinnanglern den Rat gebe, beim Hechtangeln mit dem Blinker zu beginnen. Und wenn ich dann am Wasser einen bewährten Blinkertyp doppelt oder dreifach in der Tasche habe, bekommt der angehende Spinnangler auch schon mal  von mir ein gutes Eisen gratis. So auch neulich, als ich einem Jungangler, der, chronisch knapp bei Kasse, seinem durch Hänger verlorenen Blinker nachtrauerte, einen 5 cm langen und 9 g schweren Effzett schenkte. Ich verriet ihm auch gleich eine Bucht, in der ich einen Hecht vermutete. Zwar hatte ich sie eine halbe Stunde zuvor mit meinem Blinker fachmännisch „bestrichen", jedoch ohne Erfolg. Stolz marschierte der Jungangler zu der gelobten Bucht, und es dauerte keine zehn Minuten, da konnte ich ihm ein herzliches Petri Heil zurufen, denn er hatte „meinen" Hecht mit „meinem" Blinker erwischt.

Ob man mir das nun glaubt oder nicht, ich freute mich über diesen Fang mehr, als wenn mir der Fisch selber an den Haken gegangen wäre. Der Jungangler hatte endlich seinen ersten Hecht am Blinker und ich bald einen gelehrigen Schüler und etwas später einen durchaus ernstzunehmenden Konkurrenten.

Es war kein Zufall, daß ich den Jungangler mit einem 5 cm langen und 9 g schweren Blinker beglückt hatte. Dieser Blinkertyp zählt zu meinen bevorzugten Modellen. Ich höre schon die Einwände der Angler, die weit längere und schwerere Eisen bevorzugen. „Was ist schon ein 5 cm langes Fischchen, solche Winzlinge interessieren den großen Hecht doch gar nicht!" Irrtum. Ein 5 cm langer, richtig angebotener Blinker reizt durchaus auch den großen und kapitalen Hecht. Nicht Größe und Gewicht des Blinkers sind entscheidend, sondern die Art seiner Vorführung. Der Hecht realisiert beim Vorbeitaumeln eines Blinkers nicht so sehr die Größe der zu erwartenden Beute, sondern er fällt auf den Reiz herein, den das daherkommende Eisen ausübt. Wollten wir Blinker in bevorzugter Beutegröße anbieten, müßten wir bei größeren Hechten immerhin auf Kaliber zwischen 15 und 25 cm zurückgreifen. Wer immer es versucht haben sollte, mit solchen Riesenblinkern, die im Handel kaum angeboten werden, auf Hechte zu spinnen, wird sich über Mangel an harten Rutentests nicht zu beklagen haben – leider nicht durch Hechte, sondern durch klotzige Hänger hervorgerufen.

Blinker, die über die 10-cm-Marke und damit auch fast immer über

25 g Gewicht hinausgehen, mögen hier und da für besonders tiefe Gewässer oder für den Küstenbereich der Meere erfolgreich zum Einsatz kommen, für normales Hechtangeln in unseren Seen und Flüssen hört für mich bei etwa 9 cm die Gemütlichkeit auf. Ich angle mit solchen „Granaten" nur hin und wieder an stürmischen Dezembertagen, um schlaue Winterhechte in tiefen Wasserregionen zu erreichen. Unter normalen Bedingungen, vor allem in den Sommermonaten, hat es sich bewährt, einen gut laufenden Blinker zwischen 5 und 8 cm anzubieten. Blinker über 15 g biete ich nur dort an, wo es darauf ankommt, große Wurfweiten zu erreichen, um an fängige Stellen heranzukommen. Die Blinkerwahl ist also auch entscheidend vom Gewässertyp abhängig. Doch eines können wir grundsätzlich festhalten: Groß und schwer vermindert die Fangchancen.

Wie schon erwähnt, kommt es entscheidend auf die richtige Blinkerführung an, und es ist schon schwierig, einen schweren Blinker noch verführerisch spielen zu lassen. Es gibt selbstverständlich eine Relation zwischen Blinkergewicht und Einholgeschwindigkeit. Je schwerer das Eisen, um so schneller muß ich es einholen, will ich Grundberührung, Hänger und Blinkerverluste vermeiden.

Da wir nun wissen, daß der Hecht mit Sicherheit nicht die Blinkerlänge mit dem natürlichen Beutefisch gleichsetzt, können wir unsere Bedenken, einen zu kleinen Blinker anzubieten, praktisch vergessen. Ich habe mit 6 g schweren und 4 cm langen Blinkern gute bis kapitale Hechte sowie starke Meerforellen gefangen, von Zandern ganz zu schweigen. Nicht die Länge oder Kürze sollte uns daran hindern, sehr kleine Blinker auf Hechte einzusetzen, sondern eher die Sorge um die Beschaffenheit des zu kleinen Drillings und die stark eingeschränkte Möglichkeit, diesen Blinker weit genug auszuwerfen.

Die richtige Tiefe

Obgleich jeder erfahrene Spinnangler auch schon einmal den einen oder anderen Hecht dicht unter der Wasseroberfläche erwischt hat, besonders wenn oben Schwärme von Kleinfischen spielten, sollte es sich der Hechtangler zur Regel machen, seinen Blinker im untersten Viertel der gegebenen Wassertiefe anzubieten. Zwar habe ich beim speziellen Zanderspinnen auch schon Hechte direkt überm Grund gefangen, aber es hat sich bewährt, den unten lauernden Hecht ein wenig zum Steigen zu reizen. Dabei sollten wir ihm nicht zuviel zumuten, ein ausdauernder Verfolger wie beispielsweise der Barsch ist *Esox* im allgemeinen nicht. Wenn aber ein Blinker, vorausgesetzt er wird gut geführt, einen Meter über unseren Hecht hinwegzieht und ihn irgendwie „anmacht", dann wird er, hungrig und in Raublaune, schräg nach oben schießen, um den leichtsinnigen „Futterfisch" zu schnappen.

Wird der Blinker besonders aufreizend geführt und kreuzt er sein näheres Umfeld geradezu herausfordernd, so wird auch der satte Hecht den vorbeitaumelnden Blinker als Störenfried angehen. Und der Spinnangler spürt dann schon beim Abfühlen des Hechtbauches, daß *Esox* eigentlich nicht aus Hunger die vermeintliche Beute genommen hat, sondern weil er sich belästigt fühlte. Diese Vermutung wird zur Gewißheit, wenn der Angler beim Ausnehmen seiner Beute größere, mehr oder weniger angedaute Futterfische im Magensack findet.

Blinkerfarben

Über Blinkerfarben ist schon viel nachgedacht und geschrieben worden. Während früher im Blinkerangebot ziemlich eindeutig die Farben Silber und Gold dominierten, ist die Geräteindustrie in den letzten Jahren dazu übergegangen, die Blinker farbig aufzulockern. Zuweilen wird dabei sicherlich mehr an das Auge des Fischers als an das des Fisches gedacht, dennoch haben bestimmte Farbtöne durchaus ihre Berechtigung. Der Barsch, der viel häufiger vom Hecht gefressen wird, als viele Angler annehmen, ist vom Maul bis zur Schwanzflosse ein bunter Fisch. Und die Forelle, die der Hecht vom Fleisch her genauso schätzt wie wir – manche nehmen ihm das übel –, ist farblich auch nicht einfach mit Silber oder Gold nachzuahmen, von der Elritze, die dem Hecht in manchen gesunden Bächen als Hauptnahrung dient, ganz zu schweigen.

Nun kommt es aber nicht darauf an, das Aussehen eines Fisches, der dem Hecht als Nahrung dient, naturgetreu nachzubilden. Auch der Hecht, der überwiegend von mehrfarbigen Fischen lebt, wird deshalb einen gut geführten silbernen Blinker nicht verschmähen. Einmal, weil in jedem Gewässer ja auch weiß-graue Fische vorkommen, und zum anderen, weil wir dem Hecht mit unserem Blinker ohnehin etwas vorgaukeln. Wir sind also im Zweifelsfalle mit einem silberfarbenen Blinker immer gut bedient.

Das Wort „blinkern" sollten wir allerdings nicht allzu wörtlich nehmen. Auch wenn hier und da etwas anderes gedruckt wird, es ist meines Erachtens zweifellos ungünstig, wenn ein neuer Blinker sich so blank und glitzernd darbietet, daß wir uns darin spiegeln können. Auch bei angetrübtem Wasser greife ich nicht auf solche Glitzerdinger zurück. Ein gedämpftes, abgestumpftes Silber ist in jedem Fall natürlicher und besser, denn selbst ein heller Ukelei, mit einem gewissen Glanz auf dem Schuppenkleid, blinkt und reflektiert nicht silberhell.

Es mag ja ganz hübsch aussehen, wenn der Blinker eines Anglers noch in 50 m Entfernung wie eine polierte Christbaumkugel strahlt, aber zum Angeln ist etwas weniger Glanz besser. Glänzende Blinker sollten nicht noch zusätzlich poliert, sondern eher mattiert werden. Es gibt dafür einen einfachen Trick. Man hält den Glitzerblinker über eine Kerzenflamme. Er verfärbt sich schon in kurzer Zeit rußig-braun. Wischt man mit einem Stück Papier darüber, kommt die silberne Oberfläche wieder zum Vorschein, jedoch deutlich dunkler und glanzloser.

Man tut gut daran, vor dieser heißen Behandlung die roten Zelluloidflossen am hinteren Springring zu entfernen. Die Kerzenflamme könnte sie sonst zum Schmelzen bringen, und dabei entwickelt sich ein stinkender, ätzender Rauch. Man kann einen Blinker auch auf einer heißen Herdplatte nachdunkeln. Hier ist aber doppelte Vorsicht geboten, wenn leicht schmelzbare Substanzen wie Blei oder Farbe am Blinker sind.

Nun gibt es Angler, die den goldfarbenen Blinker besonders schätzen. Das ist durchaus in Ordnung; mit gold- oder kupferfarbenen Blinkern kann man gut Hechte verführen. Ich habe mehrere Jahre an verschiedenen Gewässern sowohl mit „Gold" als auch mit „Silber" geblinkert, und dabei hat sich herausgestellt, daß die silbernen Blinker etwas fängiger waren. Die Qual der Wahl hörte in dem Augenblick auf, als ich vor ungefähr zwanzig Jahren beim Gerätehändler gold-silberne Blinker entdeckte, die gewölbte Außenseite silbern, die Innenseite kupfern oder gold. Was nun den Goldglanz betrifft, so gilt für ihn dasselbe wie für den Silberglanz: Polierter Hochglanz ist nicht gefragt.

Wer aber als Spinnangler auf sein goldenes Stück am Wasser nicht verzichten möchte, dem rate ich zu folgender Variante: Er sollte die Innenseite seines Blinkers mit einer wasserfesten grau-weißen Farbe bestreichen oder sie mit einer entsprechenden gut haftenden Folie bekleben. Ein polnischer Kollege, mit dem ich in Pommern auf Meerforellenfang ging, bearbeitete alle seine Blinker so. Die Meerforellen hielten sich damals leider sehr zurück, ganz gleich, welchen Blinker,

Spinner oder welche Fliege wir ihnen anboten, aber beim Hecht- und Barschangeln hatte mich der Kollege schon bald davon überzeugt, daß seine Farbkombination gold/hellgrau bei den Fischen gut ankommt.

Mit Farbstreifen und Punkten auf den Blinkern kann der Spinnangler lange experimentieren. Ich habe das bei der Vorbereitung meines Buches „Freude und Erfolg beim Spinnangeln" ausdauernd getan und bei Hechten eine gewisse Neigung zu grünlichen Farbtönen festgestellt; aber eines Tages fing ich dann auch auf einen Blinker mit blauen Streifen einen Hecht, und ich bin deshalb etwas vorsichtig mit einer verbindlichen Aussage.

Über Grün oder Blau am Blinker kann man streiten, über Rot gibt es nur eine Meinung. Diese Farbe macht einen Blinker fängiger. Nicht von ungefähr hat die Geräteindustrie fast alle Blinker mit roten Zelluloidplättchen, oval oder herzförmig, am hinteren Springring ausgestattet. Sollten gute Blinker ohne diesen „Schmuck" angeboten werden, lohnt es sich immer, diese Flossenimitation nachträglich anzubringen. Die steifen Zelluloidplättchen dürfen allerdings nicht so groß sein, daß sie die Drillingspitzen überragen und sich, für den Hecht schützend, darüberlegen.

Zelluloidplättchen werden in verschiedenen Größen und Formen vom Fachhandel angeboten, man kann sie sich auch aus einem größeren Stück Zelluloid selber ausschneiden. Auf ausreichend Spiel am Springring ist zu achten. Stehen sie sperrig ab, können sie den Lauf des Blinkers wie ein Ruder beeinflussen.

Es ist ratsam, sich bei der Farbe Rot nicht allein mit Zelluloidplättchen zufriedenzugeben. Ein mehr oder weniger dicker roter Strich entlang der Blinkerkante übt ohne Frage zusätzliche Reize auf den Hecht aus. Selbst wenn man das Rot etwas üppiger aufträgt, den Streifen also verbreitert oder den Blinker rot punktiert, kann das in keinem Fall verkehrt sein.

Ich habe über ein Jahr lang mit einem rot-goldenen Blinker, richtig wertvoll anzusehen, an der Spinnrute gearbeitet. Er war fabrikmäßig gefertigt und sah wirklich wie ein Schmuckstück aus. Die äußere rote Seite war zusätzlich mit einem feinen Goldgitter überzogen. Er lief sauber und erwies sich als sehr fängig auf verschiedene Raubfische, konnte sich im Handel jedoch nicht durchsetzen, weil die recht komplizierte Verarbeitung einen stolzen Ladenpreis zur Folge hatte. Längst habe ich drei Prototypen dieses tollen Blinkers verloren, ich glaube, sie hießen „Attacker". Aber nichts kann uns ja daran hindern, einen unserer gut laufenden „Favoritblinker" von etwa 6 cm Länge an der Außenseite mit einem roten, nach Möglichkeit angerauhten Anstrich zu versehen. Das feine goldene Gitterwerk, das meinen Blinker in den Rang eines Schmuckstückes erhob, war sicherlich nicht fangentscheidend.

Wirbel, Stahlvorfach und Schnur

Ob nun buntes Schmuckstück, mattes Silber oder Gold, noch entscheidender als Farben und Formen ist die Kunst, den Blinker richtig laufen zu lassen.

Wir montieren den Blinker an einen Karabinerhaken mit Wirbel, auch dann, wenn der Blinker selber schon vorn mit einem Wirbel versehen ist. Der Karabinerwirbel ist ein sehr wichtiges Verbindungsstück zwischen Schnur und Blinker. Es wäre falsch, ausgerechnet bei diesem kleinen Zubehör zu sparen. Ich arbeite am liebsten mit einem Tonnenwirbel und einem Karabiner, der ungebogen einrastet, denn damit, ob brüniert oder messingfarben, ist jederzeit ein schneller Köderwechsel möglich. Karabiner mit abgewinkeltem Verschluß zeichnen sich zwar manchmal durch besondere Haltbarkeit aus, sie sind aber zum Beispiel bei einigen Wobblern mit stark vorgezogener Tauchschaufel schwer zu montieren. Wichtig sind gute Qualität und Haltbarkeit des Karabinerwirbels. Sein Versagen, vor allem die Öffnung bei starkem Zug, hat leider schon zu manchem Hechtverlust geführt.

Während beim Angeln mit Köderfisch das gute Stahlvorfach Pflicht sein sollte, verzichte ich beim Spinnangeln auf ein solches. Beim Blinkern sitzt der Haken, meistens Drilling, fast immer im vorderen Maulbereich, so daß die scharfen Hechtzähne selten mit der Schnur in Berührung kommen. Ich habe kaum einen Hecht durch Schnurbruch im Maulbereich verloren. Der Verzicht auf das Stahlvorfach hat nichts mit dem Mut zum höheren Risiko, sondern ausschließlich damit zu tun, daß der Blinker, besonders kleinere Exemplare, direkt an der Schnur besser spielt als bei vorgeschaltetem Metallvorfach. Außerdem hat ein dickeres Stahlvorfach auch eine gewisse Scheuchwirkung. Wer aber aus Sicherheitsgründen beim Spinnangeln nicht auf ein Vorfach verzichten will, der sollte auf ein möglichst dünnes, weiches und unauffälliges Stück zurückgreifen. Der Gerätehandel bietet nylonummantelte Stahlvorfächer und solche aus Kevlar und Dacron an. Ob mit oder ohne Vorfach, unverzichtbar ist beim Spinnangeln eine geschmeidige Qualitätsschnur. Nichts ist bei dieser Angelart unangenehmer als eine sperrige, drahtige Schnur, die womöglich von alleine in Spiralen von der Spule springt.

Wurfarten beim Spinnangeln

Beim Spinnangeln unterscheiden wir verschiedene Wurfarten, deren Anwendung oft von den vorherrschenden Uferverhältnissen abhängt. Fünf Wurfarten sollte der Spinnangler, der es auf Hechte abgesehen hat, sicher beherrschen: Den Überkopfwurf, den Rückhandwurf, den Vorhandwurf, den Schlenzwurf und den Pendelwurf.

Überkopfwurf

Auch wenn es einige Weitwurfspezialisten nicht gern hören, vertrete ich die Meinung – und ich kann sie auch begründen –, daß der Überkopfwurf zu häufig praktiziert wird. Überall dort, wo es darauf ankommt, weite Würfe zu erreichen, ist dieser herausgepeitschte Wurf,

der von hinten kräftig Schwung holt und senkrecht über dem Kopf des Anglers den Köder schießen läßt, angebracht und goldrichtig. Der Angler kann dabei den Köder in den Uhrzeigerpositionen 12, 1 und 2 freigeben. Es erfordert wenig Übung, mit dem Überkopfwurf weite Distanzen zu erreichen. Es erfordert aber viel Übung, mit dieser Technik auch in die Nähe anvisierter Ziele zu kommen. Das hat nicht nur etwas mit der weiten Entfernung, sondern auch mit dem Fingerspitzengefühl des Anglers zu tun. Den Überkopfwurf sollten wir so trainieren, daß wir trotz der hohen Flugkurve auch eine gute Treffsicherheit erreichen.

Überkopfwurf

Rückhandwurf

Das Spinnangeln ist nicht in erster Linie eine Sache der Ästhetik, obgleich wir sie nicht ganz außer acht lassen sollten. Ich halte nach langen

Spritziger Hechtdrill. Foto J. Olsson

Dezember-Hecht. Der Blinker sitzt schon in den Keschermaschen. Foto H. Brozio

Erfahrungen und vielen Beobachtungen die Rückhand für den elegantesten Wurf. Nun könnte man einwenden: Was schert mich die Eleganz beim Spinnangeln? Doch die Rückhand aus dem Handgelenk, mit mehr oder weniger starkem Einsatz des Unterarms, ist bei einiger Übung auch ein sehr präziser und kräftesparender Wurf mit beachtlicher Treffsicherheit. Wollen wir mit der Rückhand – bei Rechtshändern zeigt die Rute nach links, Handrücken vorn – extreme Weiten erreichen, so setzen wir auch den Oberarm als Hebel ein. Einen wichtigen Vorteil gegenüber dem Überkopfwurf hat die Rückhandtechnik überall dort, wo Büsche und Zweige das Auswerfen behindern oder wo Holz- und Betonkonstruktionen, zum Beispiel Brücken, einen senkrecht angesetzten Wurf unmöglich machen. Außerdem ist der Rückhandwurf, der in den Positionen 9 oder 10 des Uhrzeigers angesetzt und herausgebracht wird, weniger ermüdend als ein aufwendiger Überkopfwurf. Auch seine Scheuchwirkung ist geringer.

Rückhandwurf   Vorhandwurf

Vorhandwurf

Beim Tischtennisspielen haben einige Sportler Schwierigkeiten mit der „verdammten Rückhand". Sie beherrschen diese Technik zwar mehr oder weniger gut, aber sie liegt ihnen nicht. Diese Beobachtung habe ich auch bei Spinnanglern gemacht. Wenn sie schon wegen Uferbewuchses auf ihren favorisierten Überkopfwurf verzichten müssen, dann peitschen sie ihren Spinnköder statt mit der Rückhand lieber mit dem seitlich angesetzten Vorhandwurf heraus, etwa 3-Uhr-Position, Handrücken nach hinten. Auch dabei kann der Wurf lässig und schwungvoll aus dem Handgelenk kommen, und der Angler kann ebenfalls den Unterarm, bei Weitwürfen auch den Oberarm, als Krafthebel einsetzen.

Schlenzwurf

Dieser Wurf ist nichts weiter als ein tief angesetzter Rückhand- oder Vorhandwurf. Er kommt bei der Rückhand aus der Position 7 bis 8 und bei der Vorhand aus 4 bis 5. Die Beherrschung des Schlenzens ist überall dort wichtig, wo wir unter tief herunterhängenden Zweigen fischen. Kein passionierter Spinnangler wird diese meist schwer zugänglichen Stellen meiden. Sie sind indes um so vielversprechender, je schwieriger sie zu erreichen sind.

Die Höhe der Flugkurve des tief angesetzten Spinnköders richtet sich nach der Höhe der Zweige oder Äste über dem Wasser. Bleibt zwischen Wasser und Laubdach nur noch ein Spalt von einem halben Meter, so kann der Schlenzwurf zu einer akrobatischen Leistung werden, oder unser Blinker ziert das grüne Geäst wie eine Weihnachtskugel den Tannenbaum. Der Unterschied: Die Kugeln können wir in jedem Fall wieder abnehmen.

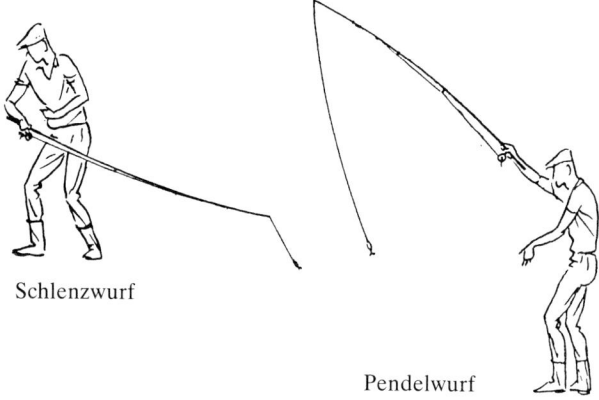

Schlenzwurf

Pendelwurf

Pendelwurf

Stehen wir am Ufer in einer Bewuchslücke, die dem Rutenschwung sehr enge Grenzen setzt, so haben wir die Möglichkeit, den Köder durch leichte Pendelbewegungen in Schwung zu bringen. Da weder die Kraft der Anglerhand noch die Schwungkraft der Rute, sondern nur die Pendelkraft des Köders zur Verfügung steht, sind beim Freilassen der Schnur nur kurze Distanzen zu erreichen. Trotzdem hat der Pendelwurf hier und da seine Berechtigung. Der im Buschwerk eingezwängte Angler sollte sich allerdings vorher vergewissern, ob eine Chance besteht, einen zupackenden Fisch auch zu drillen und zu landen.

Auf den sogenannten Katapultwurf – Herausschnellen des Köders mit der Flitzbogenspannkraft der Rute – möchte ich hier nicht näher eingehen, nachdem Demonstrationen dieser famosen Katapulttechnik durch andere Angler zweimal zu Verankerungen des Drillings im Daumen bzw. Zeigefinger führten, wo die geschärften Haken ja nun wirklich nicht hingehören.

Alle anderen hier genannten Wurftechniken sollte der Angler mit der Zeit sicher beherrschen, wenn er Wert darauf legt, jeder Situation gewachsen zu sein, wobei sich ihm der Reiz des Spinnangelns voll erschließt.

Blinkerlauf mit Zupfern

Den Blinker haben wir nun also richtig ausgeworfen. Da wir den Hecht in den meisten Fällen in der unteren Wasserschicht (letztes Viertel) suchen, lassen wir den Blinker nach dem Auswerfen absinken oder besser abtaumeln. Wir sehen an der Schnur auf dem Wasser oder auf der Rollenspule, wann der Blinker den Gewässergrund erreicht hat: Die Schnur fällt zusammen. Jetzt geben wir unserem Blinker einen kleinen Ruck aus dem Handgelenk, damit ein eventuell anhaftender Krauthalm oder ein kleiner Zweig vom Drilling fällt.

Und nun holen wir das Eisen langsam ein. Gut bedient wird der Blinker, wenn wir für eine Kurbelumdrehung etwa eine Sekunde benötigen, also ruhig einmal zählen: 21 ... 22 ... Natürlich ist dieser Sekundenintervall nur eine ungefähre Richtzahl. Die Einholgeschwindigkeit hängt ja auch von der Übersetzung der Rolle, vom Spulendurchmesser und vom Gewicht des Blinkers ab. Aber es gibt eine alte, bewährte Spinnanglerregel: Lieber zu langsam als zu schnell.

Beim Einholen des Blinkers müssen wir nach Möglichkeit Grundberührung vermeiden, nicht weil Grundberührung den Hecht irritieren würde, sondern weil wir damit ein weitaus größeres Hängerrisiko eingehen. Ich meine damit nicht nur den klassischen Hänger (bis hierher und nicht weiter), sondern auch die Anhängsel. Eine Kraut- oder Algenfahne, eine Muschelschale, ein Stückchen Holz oder ein abgesunkenes welkes Blatt am Drilling – und schon können wir diesen Wurf abschreiben, er wird uns keinen Hecht bescheren.

Beim Zanderspinnen müssen wir übrigens dieses Hänger- und Anhängselrisiko bewußt in Kauf nehmen. Beim Hecht können wir es zwar nicht ganz vermeiden, aber mit etwas Übung und Erfahrung gelingt es uns schon, den Drilling weitgehend sauberzuhalten.

Gerade beim Hechtfang sollten wir den Blinker nicht über weite Strecken regelmäßig „stur heil" einholen, sondern ihn hin und wieder leicht ausbrechen lassen, und zwar schräg nach oben und dann wieder abtaumelnd nach unten. Darin liegt nach meinen Erfahrungen die Kunst der Blinkerführung und das Erfolgsrezept. Wir müssen dabei bedenken, daß der Blinker durch seine Form schon bei regelmäßigem Zug schlingert und wackelt. Genau das ist ja erwünscht, um dem Hecht einen leicht erreichbaren Beutefisch vorzugaukeln. Dieses natürliche Spiel des Blinkers, das wir bei einer feinen Spinnrute durch leichtes Vibrieren spüren, verstärken wir durch feine gelegentliche Ausbrüche, hervorgerufen durch gefühlvolle Zupfer aus dem Handgelenk bei jeder dritten oder vierten Kurbelumdrehung. Setzen wir diese oft fangentscheidenden Zupfer, die sich über Rutenspitze und Schnur direkt auf den Blinker auswirken, zu stark, so wird der Blinker im Wasser zu wild und unnatürlich ausbrechen. Dosieren wir hingegen den Ruck ganz fein, dann wird diese kleine Unterbrechung des Köderlaufes in jedem Falle Reiz- und niemals Scheuchwirkung haben.

Es ist schwer, die Intensität dieser Zupfer in konkreten Meßzahlen auszudrücken, dennoch habe ich mich selber mal beim Zupfersetzen kontrolliert. Die schräg zum Wasser weisende Rutenspitze bewegt sich beim Zupfen aus dem Handgelenk zwischen 10 und 20 cm. Hat der Spinnangler sich diese Zupferei erst einmal angewöhnt, so geht sie ihm in Fleisch und Blut oder besser in die Fingerspitzen über, es wird ihm also schwerfallen, seinen Blinker noch eintönig gleichmäßig einzuholen.

Drill und Landung

Meine Blinker-Hechte drille ich, nach leichtem Anschlag, mit erhobener Rute, um die durchgehende Parabolikaktion, verlängert und ergänzt durch den Unterarm, voll auszunutzen und auszukosten. Ganz wichtig ist dabei die richtige Einstellung der Rollenbremse, die ich auf jedem Blinkertrip mehrmals prüfe. Eine mittelharte Einstellung ist richtig. Die Bremse muß dem Hecht sofort nach dem Anschlag deutlich spürbaren Widerstand entgegensetzen. Ist sie zu leicht eingestellt, kommt der Anschlag nicht durch, er verpufft, und die ratschende Rolle gibt dem Hecht zuviel Bewegungsfreiheit, die er oft ausnutzt, um in einer schnellen Flucht den Blinker abzuschütteln.

Ist die Bremse zu hart eingestellt, gibt sie also keine Schnur frei, so bleibt nur die Federkraft der Rute als Puffer. Und dieser Spielraum genügt im allgemeinen nicht, um einen größeren Hecht zu halten. Schnur- und manchmal auch Rutenbruch sind die Folgen.

Auch wenn die Rolle optimal eingestellt ist, überlasse ich beim Hechtdrill nicht allein Rolle, Rute und Schnur das Geschehen. Natürlich gebe ich mit der erhobenen Rute nach vorn nach, wenn der Hecht in einer überraschenden Flucht davonzieht. Aber sobald wie möglich wird die zum Halbkreis gebogene Rute im Bereich des Griffes wieder senkrecht stehen, und ich pariere den Hecht, je nach Stärke und Gewässerbeschaffenheit, mit veränderten Bremseinstellungen. Gerade in der letzten Drillphase ist das wichtig, wenn der Hecht noch einmal in Ufer- oder Bootsnähe ausbricht.

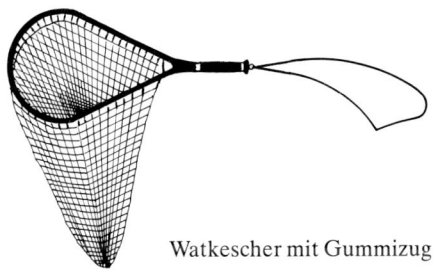

Watkescher mit Gummizug

Ob ich meinen Hecht strande, mit der Hand greife oder mit dem Kescher unterfange, hängt von der Uferbeschaffenheit und von der Größe des Fisches ab. Bewährt hat sich für den Spinnangler ein umgehängter Watkescher mit Griff und Gummizug. Er ist immer griffbereit. Auch ein guter Klappkescher, am Gürtel einzuhängen, ist brauchbar. Langstielige, meist nicht gerade leichte Kescher sind ausgezeichnet für den Ansitzangler geeignet. Für den Spinnangler haben sie aber, weil oft zu schwer und nicht greifbar, ihre Tücken und Nachteile. Mit einem Gaff habe ich nicht viel im Sinn: Ich kann es bestenfalls bei der Landung großer Hechte – zu groß für den Kescher – akzeptieren.

Der Spinner

Der Spinner soll ein Fischchen oder ein größeres, flügelschlagendes Insekt vortäuschen. Besonders die mittleren bis großen Spinner sind gute, bewährte Hechtköder. Ich bekam meinen ersten Hechtspinner, Marke Eigenbau, vor mehr als 50 Jahren von meinem Vater geschenkt. Das Spinnerblatt, das ich immer wieder spielend zum Rotieren brachte,  nicht im Wasser, sondern in der Luft, hatte es mir besonders angetan, bis ich beim Antupfen des Blattes mit dem Zeigefinger am Drilling hängenblieb – und Vater pflegte die Drillingspitzen besonders zu schärfen. Von da an wußte ich, daß ein Spinner kein Spielzeug ist, und ich ließ „das Ding" nur noch im Wasser spielen. Ob ich damit als Junge einen Hecht erwischte, weiß ich heute nicht mehr. Wir bevorzugten damals eindeutig den Köderfisch.

Typisch für diesen Köder, zwischen 2 und 20 g, ist ein auf einer Metallachse rotierendes Spinnerblatt. Es dreht sich allerdings nur bei Zug. Hinter dem Spinnerblatt, auf der Achse, liegt ein meist tropfenförmiger Metall- oder Kunststoffkörper. Ein Drilling, nicht selten mit einem roten Faserbüschel bestückt und getarnt, beschließt die Konstruktion und macht sie „scharf". Dieses rote Büschel ist so lange gut und richtig, wie es nicht, durch Vollsaugen oder zu große Dimension, den fein austarierten Lauf des Spinners negativ beeinflußt.

Während das Zupfersetzen aus dem Handgelenk beim Führen eines Blinkers unbedingt fangfördernd ist, kann der Angler beim Spinner auf diese Hüpfer verzichten. Der Köder entwickelt durch ununterbrochenes Rotieren des Spinnerblattes so viele Turbulenzen, daß er einen zusätzlichen Reiz durch Anziehen und Taumelnlassen nicht nötig hat. Wichtig ist aber, daß der Spinner schon beim leisesten Zug rotiert, denn ein Spinner mit angelegten Flügeln wird den Hecht kaum zum Angriff reizen. Auch beim Spinner ist langsames Einholen angezeigt: Quirlt er bei schnellem Zug zu stark, so wird der Hecht eher mißtrauisch.

Wie beim Blinker, ist auch am Spinner die Farbe Rot gefragt. Ein silber- oder goldfarbener Spinnerkörper auf der Achse, er darf auch gern rot sein, ist angebracht. Das Spinnerblatt außen rot, innen silbern, golden, kupferfarben oder grau-weiß, das sind bewährte Farbkombinationen für den Hecht.

Ich führe den Spinner im allgemeinen in der unteren Wasserschicht, im letzten Drittel der Wassertiefe, wenn ich es auf Hecht abgesehen habe. Doch eher als beim Blinker ist der Hecht geneigt, auch bis in die obere Wasserschicht nach dem Spinner zu steigen. Allerdings „riecht" er den falschen Braten auch häufiger, dreht ab und geht wieder auf Tiefe. Außerdem zählen selten wirklich kapitale Fische zu den Aufsteigern. Daß der Spinner häufiger als der Blinker im Oberwasser verfolgt wird, hängt sicher mit seinem typischen Erscheinungsbild zusammen: Er wird nicht selten für ein flügelschlagendes Insekt gehalten.

Mit kleinen Spinnerexemplaren, die gut für den Barsch geeignet sind, sollte der Angler nicht auf Hechtjagd gehen. Zwar lockt der kleine Spinner den Hecht durchaus, doch der Raubfisch schluckt den Spinner mit Drilling (Insekt) oft tiefer als den Blinker und ist deshalb bei untermaßigen Hechten, die zurückgesetzt werden müssen, schwer zu lösen.

Der Wobbler

Obgleich ich von zehn Spinnanglern nur bei einem den Wobbler an der Rute entdeckte, gibt es eine Menge Angler, die dem Wobbler ohne zu zögern die Nummer 1 als Hechtköder geben. Nicht selten handelt es sich dabei um Angler, die überwiegend flache Gewässer befischen oder die den Wobbler in größeren Gewässern zum Schleppen einsetzen. In beiden Fällen rechtfertigt der Wobbler seinen guten Ruf als Hechtköder.

Wir unterscheiden Tauch- und Schwimmwobbler. Tauchwobbler gehen nach dem Einwerfen langsam unter, Schwimmwobbler schwimmen auf dem Wasser und gehen auf Tiefe, wenn sie gezogen werden. In welcher Wassertiefe diese Köder aus Kunststoff oder Holz verführerisch wobbeln, hängt von der Stellung der Tauchschaufel vorn am Kopf und von der Geschwindigkeit ab, mit der sie im Wasser bewegt werden.

Es gibt Kompaktwobbler aus einem Stück und Gliederwobbler mit einer oder zwei Gelenkverbindungen. Natürlich ist der Gliederwobbler in sich beweglicher. Die Industrie hat jedoch sehr gute Kompaktwobbler auf den

Markt gebracht, die durch ihre ausgeklügelte Form fischähnlich zittern und vibrieren.

Beim Schleppangeln vom Boot aus läuft der Wobbler bei regelmäßigen Ruderschlägen ziemlich gleichmäßig. Für das Spinnangeln vom Ufer eignen sich Wobbler besonders gut für das Absuchen naher Uferpartien mit Seerosen, Schilf und Binsenbeständen. Ich greife dafür gern auf einen flachlaufenden Schwimmwobbler zurück, weil er der einzige Köder ist, der sich brav an der Oberfläche zeigt, wenn ich ihn zu sehen wünsche. Bei Nachlassen des Schnurzuges und lockerer Leine liegt der Wobbler völlig harmlos auf dem Wasser, wie ein buntes Stück Holz oder wie ein Frosch, der sich sonnt. Ich kann ihn leicht anzucken, damit er ein bißchen Leben bekommt und die Aufmerksamkeit eines in der Nähe lauernden Hechtes erregt. Dann lasse ich ihn wieder ganz langsam, mit ständigen Zupfern, weiterwobbeln.

Wir haben gehört, daß Blinker und Spinner so langsam wie möglich geführt werden müssen, den Wobbler lasse ich extrem langsam, also im Zeitlupentempo, schwimmen und lege dabei noch regelmäßige Auftauchpausen ein.

Der Wobbler ist im allgemeinen in der Farbgebung recht bunt. Und der Hecht stört sich keineswegs an dieser „Kriegsbemalung". Im Gegenteil, sie scheint ihn sogar zu reizen. Sehr oft zieren Gelb-, Braunund Grüntöne unsere Wobbler. Dort, wo sie der Hersteller nicht angebracht hat, sollte der Angler mit einer gut haftenden Farbe ein paar rote Punkte oder Striche anbringen. Ich habe die Erfahrung gemacht, daß selbst die durchgehend gold- oder silberfarbenen schlanken Wobbler durch ein paar rote Kleckse im Brust- und Bauchbereich fängiger werden.

Auch die Längendimensionen sind anders. Komme ich beim Blinker leicht mit 4–6 cm langen Exemplaren aus, Drilling nicht mitgerechnet, so ist der Einsatz eines 12 cm langen Wobblers völlig angebracht. Ich kenne einen erfolgreichen Schleppangler, der nicht die geringsten Hemmungen hat, 18 cm lange Wobbler hinter dem Boot herzuziehen, und es kommt vor, daß auch ein 2-kg-Hecht den langen Köder attackiert. Die Größe des Wobblers scheint der Hecht maßstabgerecht 1:1 wahrzunehmen. Das hängt sicherlich mit der Kompaktform dieses Köders zusammen. Er ist rund und dick wie ein richtiger Fisch.

Viele Wobbler sind meines Erachtens zu stark armiert. Drei hintereinander geschaltete Drillinge bilden nicht nur eine unangenehme, fanghinderliche Krautharke, sondern sie sind auch ein fast tödliches Instrument für untermaßige Hechte, die wir eigentlich wieder schonend zurücksetzen sollten. Zwei Drillinge will ich noch gelten lassen, mir genügt aber zum Hechtfang ein Drilling hinten. Ich habe noch nie erlebt, daß der Hecht bei dieser Armierung (ein Drilling) nur auf Holz oder Kunststoff gebissen hätte. Da es andererseits sehr selten vorkommt, daß der Hecht den Wobbler ganz schluckt, verzichte ich auch bei dieser Spinnerart auf ein vorgeschaltetes Stahlvorfach.

Der Twister

Wohl kaum ein anderer Spinnköder hat sich in neuerer Zeit so schnell am Markt und am Wasser durchgesetzt wie der Twister. Dieser raupenförmige Weichplastikköder mit langem, wabbeligem Schwanz, Bleikopf und Einzelhaken im Rücken kam aus den Vereinigten Staaten zu uns. Zuerst ein wenig belächelt, fehlte er schon bald in keinem Spinnködersortiment. Mit der Zeit war dann eine gewisse Twistermüdigkeit festzustellen. Es schälte sich aber gleichzeitig eine beachtliche Gruppe von Spezialisten heraus, die sich eindeutig zu Mister Twister bekannte. Diese Spezialisten können ohne Blinker und Spinner auskommen, auf den Twister wollen sie nicht verzichten. Für mich ist der Twister in erster Linie ein ausgezeichneter Barschköder, aber auch unter bestimmten Bedingungen ein guter Hechtfänger.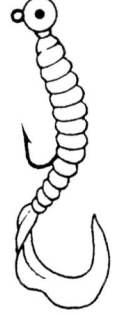

Als ich an einem kalten Dezembertag an einer Stelle in meinem Haussee, an der ich ziemlich sicher einen Hecht vermutete, weder mit Blinker noch mit Spinner Erfolg hatte, montierte ich nach einer taktischen Pause von einer Viertelstunde, mehr aus Neugier oder Spieltrieb, einen dunkelgrünen Twister an den Karabinerhaken. Schon nach vier oder fünf Kurbelumdrehungen ging ein Ruck durch die Rute. Temperamentvoll und fintenreich kämpfte ein Hecht an der Leine. Es schien mir so gut wie unmöglich, daß der Hecht Blinker und Spinner übersehen haben sollte, denn diese Köder, die ich etwa je sechsmal ausgeworfen hatte, mußten direkt sein Revier oder seine Bahn gekreuzt haben. Mehr als diese klassischen Köder mußte demnach der Newcomer Twister den Hecht gereizt haben. Vielleicht war es ja der Reiz des Neuen, denn die Twisterwelle hatte damals noch nicht eingesetzt. Ich konnte den 62 cm langen Hecht, nachdem er sich ausgetobt hatte, leicht keschern.

Mister Twister ist also nicht nur sehr gut für den Barsch, er macht auch müde Hechte munter. Ich muß aber gleich einen bitteren Wermutstropfen in den Wein gießen. Trotz vieler Versuche mit dem Twister ist es mir bis heute nicht gelungen, damit einen wirklich kapitalen Hecht aus der Reserve zu locken. Der 62-cm-Hecht blieb bisher der größte seiner Art. Es folgten noch einige mäßige Hechte, aber der größte Teil der Untermaßigen fiel auf Twister herein. Ich bevorzuge die Farben grün, braun und lachs- bzw. braunrot. Ganz anders beim Barsch; ihn twistere ich auch in kapitalen Exemplaren.

Einen unübersehbaren Vorteil weist der Twister in jedem Fall auf: Da er nur mit einem Einfachhaken bestückt ist, gibt es kein Problem, untermaßige Hechte schonend zurückzusetzen. Gierige Hechte schlucken den Twister zwar manchmal etwas tiefer, so daß der Haken im Kiemenbereich sitzt. Der Angler kann dann den Haken viel besser von hinten durch die Kiemenspalte lösen. Natürlich gehört dazu ein gut funktionierender Hakenlöser. Angler, die immer noch mit einem Zweig, Schilfhalm oder gar mit dem Taschenmesser einen Hecht vom Haken befreien wollen, sollten mit diesem Unfug wirklich aufhören und sich einen stets griffbereiten Hakenlöser anschaffen.

Ein weiterer Vorteil des Twisters: Er wirkt mit seinem aus dem Rükken herausragenden Einzelhaken nicht wie eine Krautharke und läuft deshalb verhältnismäßig oft ohne „Anhang" durchs Wasser. Auch Hänger sind selbstverständlich seltener als beim Drilling. Zeigt der Plastikkörper des Twisters Verschleißerscheinungen, Risse und Löcher, so läßt er sich kinderleicht vom Haken abziehen und wird ebenso leicht durch einen neuen ersetzt.

Twister mit einem kleinen Spinnerblatt am Bleikopf, „Road Runner" oder besser Spinntwister genannt, locken den Hecht noch besser als die normalen Twister, besonders in größerer Tiefe und in angetrübtem Wasser.

Während mein Twister beim Barschangeln ruhig größere Sprünge machen darf, führe ich ihn dem Hecht langsam und eher regelmäßig vor. Kleine Ausbrüche und Sprünge bei jeder vierten oder fünften Kurbelumdrehung sind aber durchaus angebracht. Ich lasse den Twister beim Hechtspinnen bis auf den Grund absinken und hole ihn dann in Grundnähe ein. Und wenn der Angler auf diese Art hin und wieder die Bekanntschaft mit einem Zander macht, so wird selbst der eingefleischte Hechtspezialist nichts gegen diese Abwechslung haben. Ich sage für mich: „Im Gegenteil".

Der Wackelschwanz

Während der Twister eher einem Wurm oder einer Raupe ähnelt, haben wir es beim Wackelschwanz bis auf die Schwanzpartie mit einer naturgetreuen Fischnachbildung zu tun. Die schräg abgeplattete Schwanzflosse ist in Form eines Querstaues so konstruiert, daß sie bei Zug fischschwanzähnlich vibriert. Insofern ist der amerikanische Name „Vibrotail" treffend, aber auch die deutsche Übersetzung Wackelschwanz ist recht bildhaft. Der jigartige Bleikopf mit vorgestülptem Wulst mit Schnuröse ist ebenfalls einem Fischkopf nachgebildet. Ein kräftiger Einzelhaken, über einen längeren Schenkel direkt mit dem Kopf verbunden, ragt aus der Rückenpartie des Köders heraus.

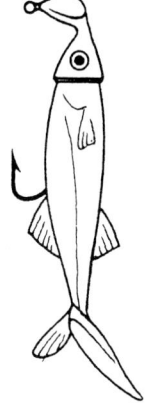

Ich kann, glaube ich, mit Fug und Recht sagen, daß ich den amerikanischen Vibrotail über „Fisch und Fang" in der Bundesrepublik bekannt gemacht habe. Daß er sich längerfristig dann doch nicht so durchgesetzt hat wie der Twister, liegt einmal an seinem relativ hohen Preis, zum anderen daran, daß dieser Köder, soll er Beute locken, nicht leicht zu führen ist.

Die angebotenen Wackelschwänze sind zwischen 3 und 15 cm lang. Für den Hecht kommen eher die größeren Exemplare über 10 cm in Frage. Diese Köder lassen sich sehr gut und weit auswerfen. Das Einholen über dem Grund mit gelegentlichen Zupfern erfordert einige Übung.

Während ein langer, schmaler Twisterschwanz praktisch bei jeder Geschwindigkeit wedelt, verlangt das Vibrieren des Wackelschwanzes eine angemessene Mindestgeschwindigkeit, die nach meinen Erfahrungen etwas zu schnell für die Raubgewohnheiten des Hechtes ist. Trotzdem ist auch der etwas zu hastig eingeholte Wackelschwanz, besonders in tiefen Hechtgewässern, ein guter Köder. Er erfordert etwas mehr Fingerspitzengefühl beim Einholen als zum Beispiel Twister oder Blinker.

Fast unübertroffen ist der kleinere Wackelschwanz auf Forellen in schnell fließenden Bach- und Flußstrecken. Auch den mißtrauischen Rapfen können wir mit einem schnell an der Oberfläche geführten Wackelschwanz überlisten.

Eine interessante Variante des Spinnangelns mit dem Wackelschwanz ist das Pilken in vertikaler Richtung, also von unten nach schräg oben.

Dieses Pilken habe ich eine ganze Hechtsaison hindurch probiert, manchmal vom Boot aus im tiefen Wasser, im Sommer aber mit langer Rute vom Ufer aus. Im Uferbereich kann der geschickte Angler mit dieser Methode Löcher und Lücken in dichten Seerosenfeldern absuchen, oder er kann den Wackelschwanz durch Heben und Senken der Rute verführerisch vor einem Wasserpflanzengürtel tanzen lassen. Man glaubt es gar nicht, wieviele Hechte bei richtiger Anwendung dieser Methode buchstäblich zwischen den Seerosen „auftauchen". Aber längst nicht jeder Hecht, der den frechen Eindringling verfolgt, schnappt auch zu. Und hat er einmal zugeschnappt, dann kann natürlich in den Seerosen von Drill nicht die Rede sein. Der Angler muß den Überraschungseffekt für sich ausnutzen und den Hecht schnell landen.

Wäre beim Spinnangeln die naturgetreue Nachbildung der Fischform entscheidend, müßte der Wackelschwanz der allerbeste Hechtköder sein. Wir wissen aber, daß der Hecht sich auch von einem in sich gebogenen Stück Blech, sprich Blinker, reizen und locken läßt, und auch der Twister hat ja kaum eine Ähnlichkeit mit einem Fischchen. Daraus ist zu folgern, daß es entscheidend auf die Bewegungen unserer gängigen Spinnköder ankommt. Zusammenfassend möchte ich sagen, der Wackelschwanz ist mehr ein Spinnköder für Spezialisten. Wer ihn richtig zu führen versteht, wird mit ihm auch Hechte fangen.

Der Weichplastikfisch

Der Weichplastikfisch, unter verschiedenen Namen und unterschiedlichen Formen vom Fachhandel angeboten, ist eine Weiterentwicklung des Wackelschwanzes. Zwar ist er im Detail nicht so kunstvoll und naturgetreu gearbeitet wie der Wackelschwanz, dafür aber in der Körpermasse tatsächlich butterweich und äußerst schmiegsam.

Die Auswahl ist reichhaltig. Nachdem die Weichplastik- oder Gummiköder schwarz-weiß ihren Einzug in die bundesdeutsche Spinnangelszene hielten, wurden schon bald alle möglichen Farbvarianten angeboten, von rot über blau bis grün, gepunktet und gestreift, mal von der Farbe her ein Phantasiefisch, mal einem richtigen Fisch nachgezeichnet, zum Beispiel einer Forelle.

Die Größen liegen zwischen 5 und fast 20 cm. Bei vielen Modellen ragt ein kräftiger Doppelhaken aus dem Rücken, an einem dünnen Stahlvorfach befestigt, das noch etwa 10 bis 20 cm aus dem Maul des

Weichplastikfisches führt, also ein Köder mit eingebautem Vorfach. Verdeckt im Maulbereich des Fisches sitzt auf dem Stahlvorfach eine Bleiolive. Die Hakenspitzen sind, besonders bei den großen Exemplaren, oft nicht scharf genug: Sie müssen nachgeschärft werden. Für den Hecht setze ich 10 bis 18 cm lange Weichplastikfische ein.

Der Vorteil gegenüber dem klassischen Vibrotail liegt darin, daß die Schwanzwurzel des Weichplastikfisches lang und dünn ist. Das hat zur Folge, daß der Schwanz mit abgeschrägter Stauflosse auch bei langsamem Zug wackelt und wedelt.

Es ist zwar im allgemeinen erwünscht, daß ein Spinnköder langsam absinkt, einige Modelle des Weichplastikfisches lassen sich aber bei größeren Wassertiefen zu viel Zeit zum Absinken, und es ist auch schwierig, sie bei dieser geringen Beschwerung beim Einholen in den unteren Wasserschichten zu halten. Ich habe deshalb dem 18 cm langen Fisch über das Stahlvorfach eine zweite Bleiolive ins Maul geschoben. Daß der Gummifisch dadurch etwas kopflastig wird, nehme ich gern in Kauf, denn es ist gut, wenn der Fisch bei gelockerter Schnur mit dem Kopf zuerst abtaucht; das tun die richtigen Fische ja auch.

Kopflastigkeit und andere Eigenschaften machen diesen Köder zu einem ausgezeichneten Pilkfisch. Als solcher wird er vom Boot aus senkrecht hoch und runter geführt, wobei die Aufstiegsphase schräg nach oben den Hecht besonders reizt.

In erster Linie ist der Weichplastikfisch aber ein mehr waagerecht laufender Spinnköder. Da er von Natur aus etwas unruhig läuft, setze ich beim Spinnen nur hin und wieder leichte Zupfer. Ich verdanke diesem Gummifisch schon in der Erprobungsphase einen zehnpfündigen Weihnachtshecht, der im tiefen Wasser lauerte.

Noch bemerkenswerter als dieser Fang scheint mir aber eine andere erstaunliche Beobachtung. In einer Grabenmündung mit klarem Wasser nahm ein Hecht, in knapp zwei Meter Tiefe, den auf dem Grund liegenden Plastikfisch wie einen richtigen Fisch auf. Leider zog er nicht mit dem falschen „Braten" ab, sondern ließ ihn nach wenigen Sekunden wieder los, noch bevor er mit dem Zwillingshaken in Berührung und ich zum Anschlag gekommen war. Trotzdem bleibt die erstaunliche Tatsache, daß der Hecht meinen völlig bewegungslos daliegenden künstlichen Fisch offensichtlich für einen echten toten Fisch gehalten hat.

Viele Weichfischangler bevorzugen, um Fehlbisse zu vermeiden, Modelle mit zwei Drillingen im Kiemen- und Rückenbereich und mit außerhalb des Fischkörpers vorgeschaltetem Blei. Ein Drilling reicht vollkommen aus.

In der Farbwahl habe ich neben den naturfarbenen Fischen – helle Flanken, dunkler Rücken – ein rotes Modell favorisiert.

Spinnfliege, Dorschknaller, Zocker, Pilker und Streamer

Die folgenden Köder werden seltener auf Hecht verwendet, dennoch möchte ich sie kurz erwähnen.

Die Spinnfliege, bestehend aus einem Körper mit Flügeln und einem vorgeschalteten kleinen Propeller, sollte an stärker strömenden Bächen und Flüssen auf Hechte eingesetzt werden. In tiefen Seen nehme ich sie lieber zum Barschpilken.

Der Dorschknaller ist praktisch ein zu groß geratener Twister. In tiefen Seen, wo es auf weite Würfe ankommt, ist er auch ein guter Hechtköder. Vom Boot aus sollte man ihn pilkend bewegen.

Der Zocker mit ovalem Körper, Drilling und manchmal mit kleinem Spinnerblatt ist überwiegend ein Barschköder. Doch jeder erfahrene Barschangler, der mit dem Zocker pilkt, hatte dabei auch bestimmt schon Hechtkontakt.

Der Pilker ist bekanntlich der typische Dorschköder. Kleinere Exemplare sollte man, am besten rot und silbern gefärbt, in tiefen Seen auf Hecht einsetzen.

Der Streamer ist eine sehr große künstliche, meist bunt gebundene Naßfliege, die überwiegend mit der Fliegenrute an sinkender Schnur angeboten wird. Aber auch mit der feinen Spinnrute kann der Streamer sauber geführt werden, wobei es unerheblich ist, ob der Hecht ihn als Fischchen oder Insekt ansieht. Den Hechtstreamer führen wir so langsam wie möglich, lassen ihn an geschmeidiger, nicht zu dicker Schnur gefühlvoll absinken, wieder steigen und halten ihn auch sonst durch kleine Zupfer in spielerischer Bewegung. Sein Nachteil ist, daß man ihn an der Hechtschnur nicht weit auswerfen kann. Ein vorgeschaltetes Blei verdirbt den Lauf und die Fangchancen. Dennoch fangen Experten mit dieser Großfliege ihre Hechte, mir bescherte sie bisher zwei Rapfen.

Grenzen des Spinnköders

Aus dem vorangegangenen Kapitel über Art und Anwendung der wichtigsten Spinnköder dürfte unschwer zu erkennen sein, daß ich seit vielen Jahren ein passionierter Spinnangler bin. Gerade weil ich alle Möglichkeiten dieser Angelart auf Hechte und andere Raubfische erprobt habe (s. auch meine Bücher „Abenteuer Angeln" und „Freude und Erfolg beim Spinnangeln", beide ebenfalls im Verlag Paul Parey erschienen), kenne ich auch die Grenzen des Spinnangelns. Es läßt sich viel mit dem Spinnköder machen, aber es gibt Situationen, in denen ich mit der Spinnangel nichts oder wenig ausrichten kann.

Da das Tierschutzgesetz die Verwendung eines lebenden Köderfisches u. a. von dem Vorhandensein eines „vernünftigen Grundes" abhängig macht und vom Angler erwartet, daß er vorher die anderen Fangmöglichkeiten erfolglos ausprobiert hat, will ich gern meinen Teil dazu beitragen, aus eigener Erfahrung Angelsituationen zu schildern, in denen der Spinnköder versagt hat.

Fall 1. In einem etwa 6 ha großen See haben die Großhechte, nach Anglererfahrungen und Taucheraussagen, die Gewohnheit, sich im Spätherbst in einen besonders tiefen Wasserbereich zurückzuziehen. Dieser Gewässerteil ist auf dem Grund geradezu übersät mit Hindernissen aller Art; es liegen dort u. a. Baggerrohre, Baumstämme, verrostete Stahlseile und große Steine. Wahrscheinlich sind es gerade diese „Burgen", die die Raubfische anziehen. Wird an diesen hechtreichen Stellen tief geblinkert, so kommt es fast zwangsläufig zu schweren, meist nicht zu lösenden Hängern. Nach mehreren Blinkerverlusten gab ich hier die Fischwaid auf Hecht und Zander auf. Ein Kollege, der zuvor ebenfalls tüchtig geblinkert hatte, setzte zwei Meter über dem Grund, mit Sicherheitsabstand über den Hindernissen, einen lebenden Köderfisch (Rotauge 250 g) am Drilling ein. Es gelang ihm, mit schwerem Gerät einen 1,10 m langen Hecht zu fangen, indem er durch kräftigen Gegenzug verhindert hatte, daß sein Hecht sich in den Unterwasserhindernissen verklüftete. Nur der Köderfisch hatte hier Aussicht auf Erfolg.

Fall 2. Ein fischreicher Fluß weist über weite Uferstrecken einen

2–3 m breiten dichten Krautgürtel auf. Vor dem Wasserpflanzenbewuchs stehen erfahrungsgemäß die Hechte, weil sich dort auch die Futterfische aufhalten. Das Auswerfen und Einholen des Blinkers ist hier so gut wie unmöglich. Der Angler kann die Hechte nur erreichen, wenn er ihnen an einer langen, kräftigen Rute einen lebenden Köderfisch anbietet. Die Rute muß so stabil gehalten werden, daß der Angler damit die Flucht des Hechtes in den Krautgürtel verhindern kann. Der Hecht nimmt also den Köderfisch. Nachdem ihn der Angler an kurzer Leine müdegedrillt hat, kann er den Hecht über das Kraut heranziehen und landen. Hier bot sich keine Möglichkeit, mit dem Blinker zum Erfolg zu kommen.

Fall 3. Ein Teichbesitzer, der in seinem Gewässer gern für seinen Privatbedarf und zur Ausübung der Angelfischerei Forellen und Schleien ziehen möchte, ist verzweifelt über eingeschleppte Hechte, die den Bestand an Jungforellen arg dezimieren. Der Teich ist ziemlich stark verkrautet. Dem Blinker, den er ausprobiert, sind enge Grenzen gesetzt. In den Schneisen und freien Stellen, wo ein begrenzter Blinkereinsatz möglich ist, ignorieren die Hechte den künstlichen Köder. Erst die in größere Krautlöcher gesetzten lebenden Köderfische reizen die Hechte zum Anbiß. Mit dem Blinker war diese hegerische Maßnahme nicht zu bewältigen.

Fall 4. Ein Hecht, als sogenannter Entenfresser bekannt, haust im total verholzten Uferbereich eines größeren Tümpels. Keine Jungente und kein Besatzfisch, wie z. B. Karpfen und Schleien, sind sich in diesem Uferbereich mit versunkenen Stubben und Ästen ihres Lebens sicher. Nachdem der Pächter mehrere Blinker und Wobbler im Unterwasserholz verloren hat, bietet er einen lebenden Köderfisch einen Meter vor den Hindernissen im dort noch freien Wasser an. Es gelingt ihm, den Hecht zu fangen. Beim späteren Aufräumen der „Hechtburg" bei Niedrigwasser fördert der Pächter sechs abgerissene Spinnköder zu Tage. Ein überzeugender Beweis dafür, daß der Blinker hier zur Erfolglosigkeit verurteilt war.

Fall 5. In einem knapp 2 m breiten Bach mit einigen Gumpen, in dem sich mehrere Hechte auf Frösche und andere Kleinlebewesen spezialisiert haben, setzt der Pächter teure Bachforellen ein. Sie sind ein gefundenes Fressen für die Hechte. Der Bach ist so stark zugewachsen, daß streckenweise nur noch eine schmale Schneise frei bleibt. Die Verwendung eines Spinners ist in zweifacher Hinsicht problematisch. Es gelingt kaum, die Spinner in dieser Rinne hindernisfrei laufen zu lassen. Läuft der Spinner aber ein oder zwei Meter in der Rinne, so fassen fast immer

Der Hecht hat scharfe, spitze Zähne. Fotos E. Anneken

Laich-Hecht im Pflanzendschungel. Foto P. W. Munzinger

die kleinen Bachforellen zu, die kaum ohne Verletzungen vom großen Hechtdrilling zu lösen sind. Erst der Einsatz handlanger Köderfische im Bereich der Hechtstellen, die wegen ihrer Größe von den Forellen nicht attackiert werden, bringt den erwünschten und auch hegerisch notwendigen Erfolg. Mit dem Spinnköder kam der Pächter nicht zum Zuge.

Fall 6. Ein See ist über Jahre hindurch total überblinkert. Es gehen höchstens hin und wieder kleine Hechte an das Eisen. Wie zahlreiche Versuche mit allen möglichen Spinnködern ergeben, ignorieren die größeren Hechte, durch Schaden mit der Zeit klug geworden, die künstlichen Köder. Der Pächter beobachtet aber immer wieder größere Hechte beim Rauben. Erst als er sich, nach vielen vergeblichen Blinkerversuchen, entschließt, den lebenden Köderfisch einzusetzen, kommen schlagartig die Hechterfolge. Der Pächter möchte einmal diese ausgewachsenen Hechte für die Küche haben, zum anderen muß er bei Nichtbefischung des Hechtbestandes befürchten, daß das ökologische Gleichgewicht des Gewässers Schaden nimmt.

Fall 7. Ein Gastangler erwirbt an seinem Urlaubsort einen Erlaubnisschein zum Fischfang für ein Gewässer. Ihm ist vor Antritt seiner Reise zugesagt worden, es handele sich um ein gutes Hechtgewässer. Vor Ort hört er von einheimischen Anglern – und es steht auch in den Angelbedingungen –, daß das Blinkern verboten ist. An diesem See ist ausdrücklich nur der Hechtfang mit lebendem Köderfisch erlaubt, auch das Landesfischereigesetz billigt die Verwendung des Köderfisches. Der passionierte Spinnangler fragt den Pächter, ob er einen toten Köderfisch am System an der Spinnangel führen dürfe, diese Frage wird mit der Begründung verneint: Das zählt bei uns zum Bereich Spinnfischen. Um einen Hecht zu fangen, bleibt dem Gastangler nichts anderes übrig, als seine ummontierte Spinnangel mit einem Köderfisch zu bestücken.

Diese sieben Beispiele mit „vernünftigen Gründen" für das Angeln mit lebenden Köderfischen mögen genügen. Ich gehe davon aus, daß sie auch einer rechtlichen Prüfung standhalten, kann das aber nicht verbindlich behaupten, weil keiner dieser Fälle die Gerichte beschäftigt hat. Selbstverständlich zählen sie überhaupt nicht dort, wo das jeweilige Landesfischereigesetz grundsätzlich den lebenden Köderfisch verbietet.

Der tote Köderfisch

Weder die Fischereigesetze der Länder noch das bundeseinheitliche Tierschutzgesetz schränken in irgendeiner Weise die Verwendung des toten Köderfisches für den Hechtfang ein. Anglern, die dem lebenden Köderfisch dort, wo er verboten ist, nachtrauern und sich andererseits mit dem Spinnangeln nicht anfreunden wollen, sei geraten, viel und gründlich mit dem toten Köderfisch zu experimentieren. Sie werden bald feststellen, daß auch diese Angelart verblüffend viele Fangmöglichkeiten auf Hechte bietet. Man kann den toten Köderfisch in drei Positionen anbieten: Liegend am Grund – schwebend über dem Grund – wobbelnd an der Spinnangel.

Ende der siebziger Jahre wurde in einer Zeitschrift allen Ernstes lang und breit darüber diskutiert, ob der Hecht wohl einen toten Fisch vom Grund aufnimmt und ob er dazu anatomisch überhaupt in der Lage sei. Ehrlich gesagt, sehr viel Erfahrungen mit dem Raubfischfang in unseren Breiten hatten diese Angler wohl nicht aufzuweisen. Denn jeder passionierte Zander- und Raubaalangler, der bei Tag oder Nacht Köderfische am Einfachhaken anbot, wird dabei irgendwann einmal die Bekanntschaft mit einem Hecht gemacht haben.

Je häufiger Köderfische am Grunde angeboten werden, um so intensiver wird sich der Hecht für dieses Angebot interessieren. Dieses Interesse muß nicht immer zum Aufnehmen des Köders führen, aber irgendwann wird sich der Hecht nicht mehr mit dem Zugucken und Darüberhinwegschwimmen begnügen, sondern den lecker und frisch daliegenden Fisch auch packen.

Da im Normalfall am Grunde liegende Fische für den Raubfisch, wie Hecht, Zander, Barsch und Forelle, nur mit Vorsicht zu genießen sind, weil diese toten Fische oft schon in Verwesung übergehen, kann man Hechten in einem See oder Fluß wohl tatsächlich den toten Köderfisch schmackhaft machen.

Daß der Hecht mit den Augen und noch stärker mit der Witterung gute, frische Köderfische von schlechten, verdorbenen, unterscheiden kann, ist nicht nur den Fischereibiologen, sondern auch den Anglern bekannt. Selbst der Aal, dem zu Unrecht der Ruf eines Aasfressers an-

So nimmt der Hecht einen toten Futterfisch vom Grund auf

haftet, ist ein ausgesprochener Feinschmecker. Er bevorzugt nicht anrüchige, sondern blutfrische Fische.

Liegen am 1. Mai, dem ersten Tag nach der Schonzeit, in einem kleinen See, in dem der lebende Fisch als Köder tabu ist, 30 Hechtangeln mit toten Köderfischen aus, so würden wir Witterung, Seitenlinienwahrnehmung, Auge und Instinkt unserer Hechte doch wohl arg unterschätzen, wenn wir davon ausgingen, sie würden diese Veränderungen in ihrem Revier nicht wahrnehmen. Der Instinkt sagt ihnen: Stopp, regloser Fisch am Grund: minderwertiges, in Auflösung begriffenes Fleisch. Augenschein und vor allem Witterung signalisieren aber verlockend: einwandfreier Fisch, gute Nahrung.

Daß der Hecht vom Körperbau her in der Lage ist, schwimmend einen Fisch vom Grund aufzunehmen, ist nicht zu bezweifeln. Am Oberlauf der Treene, dort, wo sie noch flach und klar ist, hatte ich in früheren Jahren zweimal das Vergnügen, *Esox* beim Aufnehmen eines frischen, toten Köderfisches zu beobachten, einmal ohne und einmal mit Haken. Ich habe darüber 1980 (Heft 1) in „Fisch und Fang" berichtet. Das Wasser war dort etwa einen Meter tief und glasklar. *Esox* schwamm gegen die Strömung über das etwa 10 cm lange Rotauge hinweg, wendete plötzlich, als ob er etwas vergessen hätte, drehte sich kurz vor dem Fisch um 90 Grad, und in dieser Seitenlage, Kopf schräg nach unten, nahm er den Fisch auf und schluckte ihn sofort.

Beim zweitenmal wurde ich, beim Angeln auf Sicht, auf eine harte Geduldsprobe gestellt. Ich hatte den toten Köderfisch, diesmal mit Ein-

71

zelhaken in der Schwanzwurzel, ungefähr an derselben Stelle ausgelegt. Auf eine Pose verzichtete ich wegen der Strömung. Lange ließ sich der Hecht überhaupt nicht blicken. Dann endlich schob er sich langsam aus einer seitlichen Krautbank, einen Meter vom „Tatort" entfernt, hervor und beobachtete, wie mir schien, den blutfrischen Köder. Ich gehe davon aus, daß ihm verlockende Witterung mit der Strömung zugetragen wurde. Dann startete er wieder gegen die Strömung, drehte blitzschnell und nahm wieder in Seitenlage den Köder auf. Ich konnte für einen Augenblick seine helle Unterseite in voller Länge erkennen. Mit dem Schlucken ließ er sich, an der Krautbank stehend, etwas mehr Zeit, ich schätze, etwa 10 bis 15 Sekunden. In den Schluckvorgang hinein setzte ich den Anschlag. Der Hecht, der sich im Drill tüchtig wehrte, wog etwa 2 kg.

Soviel zur Freßgewohnheit des Hechtes beim Verspeisen eines toten Köderfisches. Will ein Angler nun diese Gewohnheit für sich ausnutzen, so tut er gut daran, einen kräftigen, spitzen Einzelhaken Größe 1/0 oder 2/0 mit Kevlar- oder dünnem Stahlvorfach zu verwenden. Der Haken wird mit vollem Durchstich im Bereich der Schwanzwurzel verankert. Eine Anköderung des Vorfaches mit der Ködernadel unter die Fischhaut ist nach meinen Erfahrungen überflüssig. Schöpft der Hecht Verdacht, dann läßt er den Köderfisch auch los, wenn ein Teil des Vorfaches unter der Fischhaut liegt. Der Hecht soll, ohne daß seine Zähne mit Draht in Berührung kommen, den toten Fisch schlucken können. Kommt er dann endlich an den Haken in der Schwanzwurzel, ist es für den Hecht, den wir fangen wollen, meist ohnehin zu spät. Er schluckt in dieser Phase sehr schnell und wird dann den Haken, wenn er nicht zu groß ist, akzeptieren.

Auch für den Fang großer Hechte gehe ich bei dieser Methode nicht über 13 cm lange Köderfische hinaus. Während der Hecht im freien Wasser beim Angriff auf einen lebenden Köderfisch recht große Beutefische angeht, ist er beim Aufnehmen toter Fische vom Grund genügsamer: Ich kann mir nicht vorstellen, daß er einen 500-g-Döbel vom Grund aufhebt.

Die Verwendung kleinerer Köderfische am Einzelhaken bringt, besonders beim Angeln in der Dämmerung, einen weiteren Vorteil. Auch Zander und große Raubaale interessieren sich für solche Köder.

Wer den toten Köderfisch gern mit Lippen- oder Kiemenköderung befestigen möchte, in der Meinung, der Hecht gerät dann früher an den Haken, weil er ja den Fisch mit dem Kopf voran aufnimmt, der sollte auch bedenken, daß *Esox* sofort Metall und Vorfach spürt und mißtrauisch werden kann. Ich gebe also bei einem Vergleich Kopf- oder Schwanzköderung letzterer den Vorzug, zumal sich die Montage mit Kopf nach unten wegen der günstigeren Schwerpunktverteilung auch besser auswerfen läßt.

Ein erfahrener Freund und guter Hechtfänger befestigt den toten Köderfisch zusätzlich mit einigen Garnwindungen um Schwanzwurzel und Hakenschenkel. Er fingert das sehr sauber und geschickt zurecht, während ich Schwierigkeiten mit solchen „Fummelarbeiten" habe und deshalb oft beim Angeln die leichteren Methoden wähle. Aber nützlich und nachahmenswert ist die zusätzliche Befestigung des Köders ganz bestimmt.

Eigentlich ist eine Pose für diese Angelart überflüssig. Wer aber nicht auf die optische Bißanzeige verzichten möchte, weil es so schön kribbelig macht, wenn sich die Pose in Bewegung setzt und abtaucht, der sollte einen möglichst kleinen Schwimmer wählen. Zu tragen hat diese Pose ja ohnehin nichts, weil die Last des Köders voll aufliegt. Es ist also eine schlanke Pose mit wenig Auftrieb gefragt, die dem abziehenden Raubfisch kaum Widerstand entgegensetzt.

Läuft die Schnur nach einem Biß ab, so warten Angler manchmal übertrieben lange mit dem Anhieb. Ich richte mich etwas nach der Größe des Köderfisches. Geht der Raubfisch mit einem kleinen Köder auf und davon, so nutze ich die Gunst der Sekunde und schlage nach fünf bis zehn Metern an. Bei einem größeren Köderfisch warte ich unter Umständen etwas länger. Von der oft gehörten Regel, man müsse dem Hecht erst einmal Zeit lassen, mit der Beute seinen Einstand oder sein Versteck aufzusuchen, halte ich nicht viel. Auch die Regel, daß der Angler dem Hecht dann noch zusätzlich Zeit zum Schlucken geben muß, wird von mir angezweifelt und nicht befolgt. Zum einen ist es gar nicht erstrebenswert, daß der Hecht den Köder tief schluckt: Ich möchte meinen Hecht vielmehr so landen, daß er möglichst im vorderen Maulbereich, am besten nur im Maulwinkel, gehakt ist. Nur mit diesem Hakensitz hat ein untermaßiger Hecht die fast hundertprozentige Chance zu überleben. Und wer sich einen kämpferischen Hecht im Drill wünscht, der wird nach Möglichkeit verhindern, daß der Haken, vor allem der Drilling, tief geschluckt wird.

Zum anderen bringt ein langer Fluchtweg des Hechtes auch die Gefahr mit sich, daß die Schnur irgendwo hängenbleibt oder an offenen Muschelschalen aufgerauht wird. Der nach dem Anbiß lange wartende Angler, der die vielzitierte Zigarettenpause einhält, muß damit rechnen, daß der abziehende Hecht durch die längerwerdende Schnur, die er hinter sich herziehen muß, irgendwann stärkeren Widerstand spürt und losläßt. Schließlich: Je länger die Schnur zwischen Angler und Hecht, um so schwerer ist es, mit dem Anschlag richtig durchzukommen. Meine Erfahrung: Ein Hecht, der zügig 50 m Schnur von der Rolle nimmt, war in den meisten Fällen auch schon nach 10 m Schnurabzug am Haken. Warum dann zusätzliche Risiken eingehen?

Der schwebende Köderfisch

Wer mit dem lebenden Köderfisch nicht angeln will oder darf und dem Hecht nicht so recht zutraut, den toten Köderfisch am Grund aufzufinden, der sollte sich mit der Schwebemethode näher befassen und befreunden. Ich habe sie zwar auch schon in verschiedenen Versuchen erprobt, aber nicht sehr ausdauernd, kenne aber einen Angler, der fast keinen Köderfisch mehr ohne tragende Füllung verwendet. Und er fängt Hechte, Zander und große Aale mit seiner Methode.

Ein unversehrter toter Fisch hat, wegen der Schwimmblase in seinem Körper, von Natur aus die Eigenschaft, zu schwimmen und im Wasser aufzusteigen. Das hat wohl schon jeder Grundangler erfahren, wenn er die Lage seines toten Köderfisches im flachen Wasser ausprobiert. Der unversehrte Köderfisch steigt langsam auf, wenn ihn nicht Haken, Vorfach oder Blei am Grunde halten. Darum durchstechen viele Grundangler die Schwimmblase des Köderfisches, damit er richtig aufliegt und nicht mehr oder weniger unnatürlich im Wasser schwebt.

Genau entgegengesetzt verhält sich der Angler, der einen schwebenden Köderfisch anbietet. Er geht in seinen Überlegungen davon aus, daß der Raubfisch einen schwebenden Fisch leichter entdeckt und argloser frißt als einen tot am Grund liegenden, der womöglich noch teilweise durch Muschelschalen oder Grundalgen verdeckt wird. Da der natürliche Auftrieb eines Fisches in den meisten Fällen nicht ausreicht, um einen Schwebezustand zu erreichen, sorgt der Angler durch Manipulation für zusätzlichen Auftrieb.

Mein Bekannter, der auf diese Methode schwört, hat immer eine Schachtel mit länglichen Pfropfen aus Styropor oder Balsaholz bei sich. Auch andere Stoffe mit starkem Auftrieb sind geeignet. Diese Pfropfen führt er dem toten Köderfisch durch das Maul oder durch eine kleine Öffnung im Oberbereich der Flanke ein. Die Öffnung entsteht durch einen schmalen Messerstich. Das Volumen der Füllung hängt von der

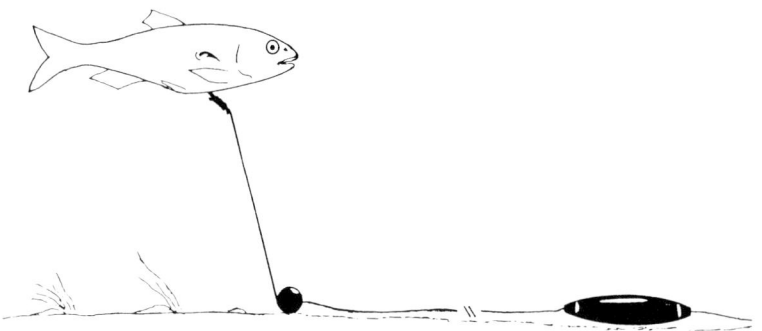

Schwebender Köderfisch mit vorgeschaltetem Spaltblei fixiert

Größe des Köderfisches ab. Diese Schwimmkörper in angemessener Größe sorgen dafür, daß der „gefüllte" Fisch aufschwimmt. Der Auftrieb wird durch eine bewegliche Bleiolive auf dem Vorfach gestoppt. Das Blei ist an beiden Öffnungen etwas angedrückt. Es rutscht dann nicht mehr beliebig, läßt sich aber trotzdem auf dem Vorfach verstellen. Die Position des Bleies bestimmt, wie hoch wir unseren Köderfisch steigen lassen. – Auch mit Spaltblei kann der Fisch fixiert werden.

Fangentscheidend ist u. a. die Höhe, in der wir den Köder anbieten. Es hat wenig Zweck, den gefüllten Köderfisch hoch über dem Grund anzubieten. Solch ein Fisch, an der Schnur verankert, wirkt im freien Wasser unnatürlich, und wir wissen, daß der Hecht bei aller Raublust ein genauer Beobachter ist. Wer den Steigefisch aber dicht über dem Grund, in einer Höhe zwischen 5 und 10 cm anbietet, der hat die Gewähr, daß sich Hecht, Zander und andere Fische für sein Angebot interessieren. Ein Gewässergrund ist selten plan und sauber wie geleckt. Er weist vielmehr Algenbewuchs sowie Steine, Hölzer und Muscheln auf. Ein 50 cm hoch über dem Grund stehendes starres Fischchen wirkt irgendwie fehl am Platze. Steht das Fischchen dagegen nur 5 cm über dem Grund, wirkt es dort völlig natürlich, auch wenn es sich nicht bewegt.

Angeködert wird dieser Fisch mit Einzelhaken oder Drilling im Bauchbereich mit festem, ziemlich hoch angesetztem Durchstich. Wer ein aufsteigendes Fischchen mit Kopf nach oben imitieren will, befestigt den Haken in der Schwanzwurzel. Auch bei dieser Methode plädiere ich für die Verwendung eines kräftigen Einzelhakens, weil damit die Gewähr geboten wird, daß untermaßige Fische unverletzt zurückgesetzt werden können.

Besonders gut anwendbar ist diese Schwebemethode in fließenden

Toter schwebender Köderfisch in der Strömung

Gewässern. Der gefüllte Fisch, der auch hier auf dem Grund verankert ist, wird durch die Strömung hin und her bewegt. Der Angler sollte diesem Fischchen, je nach Stärke der Strömung, mehr Leine, sprich Vorfach, geben, denn das fließende Wasser läßt es nicht zu, daß der Köderfisch senkrecht aufsteigt. Das Vorfach wird vielmehr einen Winkel von 30 oder 45 Grad zum Gewässergrund bilden, und der Fisch wedelt am Ende des Vorfachs durch die Strömungseinwirkung hin und her. Um das zu erreichen, muß der gefüllte Köderfisch im Maulbereich eingehakt werden, damit er mit dem Kopf voran in der Strömung steht. Gute Möglichkeiten für die Anwendung dieser Schwebefischmethode sind am Rande von Strömungsrinnen, an Gumpenein- und -ausläufen sowie hinter kleinen Staustufen gegeben. Mitten in der starken Strömung wird hingegen kaum ein Hecht zupacken. Schwebefische in fließenden Gewässern sollten grundsätzlich im Bauchbereich leicht angeritzt werden, das sorgt für zusätzliche Witterung.

Was immer der Angler seinem Fisch als Auftrieb einlegt, wichtig ist es, daß er Stärke und Wirkung des Auftriebs prüft. Das geschieht am besten auf Sicht im klaren Wasser oder, wenn die Hausfrau nichts dagegen hat, in der Badewanne. Der Grad der Neigung des gefüllten Köderfisches, Kopf oder Schwanz schräg nach oben, wird durch die Position des Auftriebkörpers im Fisch sowie durch die Stelle des Einhakens bestimmt. Auch diese verschiedenen Positionen müssen auf Sicht erprobt werden.

Der tote Köderfisch an der Spinnangel

Wir haben gehört, daß der künstliche Köder – Blinker, Spinner oder Wobbler – dem Hecht ein Beutefischchen vortäuschen soll, und jeder erfahrene Spinnangler weiß, daß diese Täuschung um so besser gelingt, je geschickter und natürlicher wir unseren Köder vorführen. Wer nun aber immer noch glaubt, Blech, Kunststoff oder Holz könnten eigentlich kein vollwertiger Ersatz für einen Beutefisch aus Fleisch und Blut sein, der sollte das Spinnangeln mit einem „echten" Fisch betreiben.

Viele Friedfischangler, besonders die Rotaugenstipper, hatten schon unerwünschte Begegnungen mit Hechten, wenn sie mit leichtem Gerät ein quirliges Rotauge landen wollten. Plötzlich verstärkt sich der Widerstand besorgniserregend, und der Angler weiß sofort: Das kann doch nicht mein Rotauge sein. Oder die Angelegenheit wird auch optisch eindeutig, wenn, meist in Ufernähe, vor dem Keschern des Rotauges an der Wasseroberfläche ein Schwall entsteht und die Umrisse eines Hechtes sichtbar werden, der den Fisch am kleinen Haken geschnappt hat. Obgleich der Stipper bei derartigen Begegnungen meist das Nachsehen hat, kommt es doch hin und wieder vor, daß er den Hecht an dünner Schnur und mit feiner Rute landen kann. Aber das sind für einen Rotaugenangler eher die Ausnahmen von der Regel.

Solche Angelerlebnisse machen deutlich, daß der Hecht sich von den forcierten Bewegungen des Fisches am Haken anlocken und zum Anbiß verleiten läßt. Was liegt da wohl näher als der Versuch, einen toten Köderfisch so vorzuführen und zu bewegen, daß der Hecht in Raublaune versetzt wird und zupackt. Dafür wird eine Gerätezusammenstellung gewählt, die dem Hecht angepaßt ist. Und damit wären wir dann exakt beim Spinnen mit dem toten Köderfisch, das kein Fischereigesetz und kein Tierschutzgesetz verbietet.

Zu einer Zeit, als der lebende Köderfisch an der Hechtangel noch nicht umstritten war, machte ich aus einer Verlegenheitslösung eine Tugend. Mein einziger Köderfisch im Eimer war eingegangen, und kaum zehn Meter von meinem Standort entfernt raubte aufreizend und mit unüberhörbarem Planschen ein Hecht. Sollte diese günstige Gelegenheit genutzt werden, so blieb keine Zeit mehr zum Montieren der kleinen Stippangel, um damit einen Beutefisch zu fangen. Da gab es nur eines: das tote Rotauge wieder „lebendig" zu machen. Eile war geboten. Wer konnte wissen, wie lange die Raublaune des Hechtes noch anhielt oder wann er seinen Hunger gestillt haben würde. Schnell und einfach war der tote Köderfisch montiert. Ich hakte das Stahlvorfach mit dem Drilling unten aus, fädelte es mit der Öse so durch die Kiemen, daß es aus dem Maul wieder herauskam. Ein Zug, und schon war das Vorfach auf Spannung, durch den Drilling gebremst. Ihn befestigte ich mit zwei Hakenspitzen gleich hinter den Kiemendeckeln des Köderfisches.

Dann warf ich ein und führte meinen Fisch am Drilling ganz langsam durch das Raubrevier des Hechtes. Der ließ sich diesen „lahmen Fisch" nicht entgehen, sondern attackierte ihn sofort. Da hatte ich also „meinen" Hecht an der Angel, aber noch lange nicht auf dem Trockenen. Er hatte den Fisch von hinten gepackt, Kopf und damit auch Drilling lagen frei vor dem Hechtmaul. Anstatt noch einmal lockerzulassen und damit dem Hecht die Möglichkeit zu geben, nachzufassen und den Fisch zu drehen, zog ich im Jagdeifer kräftig an. Es kam, wie es kommen mußte. Vor meinen Füßen schlitzte der Haken aus, und der Hecht ging mit meinem arg ramponierten Rotauge auf Tiefe.

Danach fischte ich häufiger an der Lecker Au mit totem Köderfisch. Aber ich befestigte zwei Drillinge am dünnen Stahlvorfach, einen am Ende, wie es sich gehört, und einen zweiten, einfach durch ein Bleischrot fixiert, 5–8 cm höher. Das war der Drilling, den ich im Kiemenbereich verankerte, während ich den Schlußdrilling weiter hinten in der Rückenpartie des toten Köderfisches befestigte.

So sah mein erstes einfaches System aus, mit dem ich im Laufe der Zeit zwei oder drei Hechte fing. Natürlich ist dieses System mit zwei Drillingen in der Flucht, den Abstand bestimmt die Länge des Köderfisches, fängig, aber die Montage hält nicht lange, und entsprechend hoch ist der Verbrauch an toten Köderfischen. Der Zug der Schnur wirkt ja unmittelbar auf den ersten Drilling im Kopfbereich, und schon bei kleinen Hängern löst sich der Drilling, und der Fisch hängt nur noch am hinteren Enddrilling. Was bei dieser Montage für Fischbewegungen entstehen, kann sich auch ein Laie leicht vorstellen. Einen Fisch, der mit gekrümmtem Schwanz nach vorn und mit dem Kopf nach unten hängt, nimmt nicht einmal ein blinder Hecht.

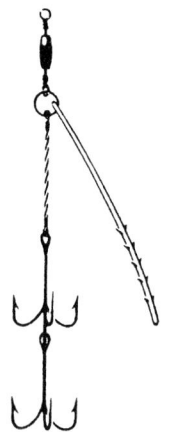

Spieß-System mit 2 Drillingen für toten Köderfisch

Immerhin, eine Verlegenheitslösung. Wer länger und erfolgreicher mit dem toten Köderfisch spinnen will, der bedient sich eines Systems mit zusätzlicher Halte- und Stützfunktion. Diese Systeme sind im Fachhandel erhältlich; Bastler und Tüftler verwenden auch Modelle „Marke Eigenbau". Man unterscheidet drei Systemarten:

a. Mit Bleikopf in Hütchenform, Spieß und zwei nachgeschalteten Drillingen. Das Bleihütchen wird über die vordere Kopfpartie des Fisches gestülpt. Der Schnurzug wirkt nicht direkt auf die Drillinge.

b. Mit leicht gebogenem Spieß, der in das Maul des toten Köderfisches eingeführt wird. Zwei Drillinge an einem Drahtstrang werden leicht, mit einem Haken, im Fisch verankert.

c. Mit Spange (Klammersystem), in die der Köderfisch eingespannt wird. Der lange Draht liegt an der Seite des Fisches und bekommt Halt durch einen Drilling im Schwanzwurzelbereich. Die unter Spannung abgewinkelte Spange mit einem zweiten Drilling wird geschlossen. Vorn sitzt ein ovaler Kern, der in das Maul des Fisches geschoben wird.

Zu diesen drei Grundformen des Systems gibt es verschiedene Ergänzungen, zum Beispiel ein vorgeschaltetes Spinnerblatt, eine Tauchschaufel wie bei einem Wobbler oder eine Rotierschraube. Wichtig ist bei der Auswahl eines Systems, daß der Köderfisch gut sitzt und daß der Fisch auch weite Würfe und mittelstarke Hänger unter Wasser gut aushält. Eine Bleiverankerung im Maulbereich des Fisches hat sich bewährt. Ich bevorzuge das nicht zu stark gebogene Spießsystem mit zwei am Nebendraht hängenden Drillingen. Wenn dieser Spieß noch tiefe Einkerbungen oder abgespreizte Drahtenden aufweist, wird er besonders fest im Fleisch des toten Köderfisches sitzen.

Wie bei allen Raubfischködern, die durch das Wasser gezogen werden, kommt es auch beim toten Köderfisch am System entscheidend auf die Bewegungen an. Dabei ist nach meinen Erfahrungen in Flüssen und Seen eine Grundregel zu beachten: Lieber zu wenig als zu viel Bewegung. Darum darf der Spieß, der in den Fischkörper eingeführt wird, nicht zu stark gebogen sein. Wird er stark gekrümmt geliefert, kann ihn sich der Angler in den meisten Fällen selber nach seinen Bedürfnissen so zurechtbiegen, daß der Fisch nicht unnatürlich wobbelt. Ein wild hin und her wobbelnder Fisch mag ja für den Angler schön verlockend aussehen, der Hecht wird einem solchen Beutefisch eher mißtrauisch begegnen, weil er einen derartigen Fischtanz in seinem natürlichen Umfeld nicht kennt.

Ich halte auch nichts von Systemen, die so konstruiert sind, daß der an ihnen befestigte Fisch wild um seine eigene Achse rotiert. Das geschieht bei Systemen mit festsitzenden Rotierschrauben. Der tote Köderfisch soll einfach schwimmen. Alle Bewegungen nach den Seiten oder nach oben und unten erreicht der gute Spinnangler durch Zupfer, durch Schnurnachgeben zum Abtaumeln und durch Schnuranziehen zum Aufsteigen.

Bevor der Systemangler seinen toten Köderfisch benutzt, sollte er sich die Mühe und das Vergnügen machen, seinen Köder zur Probe in klarem, flachem Wasser auf Sicht zu führen. Da er weiß, wie ein lebender Fisch sich im Wasser bewegt, wird er seinen Köder so lange schwimmen und wobbeln lassen, bis er den richtigen, natürlichen Dreh heraushat. Der Fisch am System wird sich dabei auch einmal auf die Seite legen oder drehen. Das geht in Ordnung und wird die Lockwirkung nur erhöhen. Aber bitte keinen tanzenden Derwisch aus dem Köder machen.

Ich verwende den toten Köderfisch nicht so sehr zum Absuchen eines Gewässers, dazu sind Blinker und Spinner meines Erachtens besser geeignet. Kenne ich aber den Einstand oder das feste Revier eines großen Hechtes, so serviere ich ihm, nach sorgfältiger Montage, den Fisch aus Fleisch und Blut.

Da der Fisch beim Einwerfen einige Turbulenzen verursacht, sollte die verdächtige Stelle reichlich weit überworfen werden. Vermute ich einen Hecht an einem weit ins Wasser ragenden Weidenbusch, so werfe ich mindestens fünf Meter hinter der Stelle ein und lasse dort den Fisch bis zum Grund absinken. Wenn sich alles beruhigt hat, bringe ich den Fisch in Bewegung, lasse ihn noch einmal aufsteigen und abtaumeln und ziehe ihn dann, so langsam wie möglich, in die Gefahrenzone.

Der lauernde Hecht ist ganz sicher schon beim Einwerfen aufmerksam geworden. Das Taumeln des Fisches hat er wahrscheinlich schon optisch wahrgenommen. Jetzt sollte sich der Köderfisch möglichst unauffällig und natürlich nähern. Der Hecht lauert ja schon, seine Sinne sind angespannt. Es bedarf keiner zusätzlichen Reize mehr. Jede zu starke Bewegung würde eher die Fluchtreflexe des Hechtes aktivieren.

Mit dieser Methode, dem toten Fisch am System, kann der Angler auch relativ müde Hechte aus ihrer Reserve locken. Das gilt besonders für überblinkerte Gewässer, in denen die Hechte schon schlechte Erfahrungen mit künstlichen Ködern gemacht haben.

Was nun die Größe des Köderfisches am System betrifft, gehe ich nach vielen Versuchen davon aus, daß Fische in einer Länge zwischen 8 und 13 cm am besten zu bewegen sind und von Hechten auch am liebsten genommen werden. Wer es allerdings im Spätherbst und im beginnenden Winter auf tiefer stehende Großhechte abgesehen hat, sollte auch vor 15 bis 20 cm langen Köderfischen am System nicht zurückschrecken. Es gibt Spießlängen von 10 cm und mehr mit entsprechend großen Drillingen. Wichtig ist die richtige Verteilung der Drillinge. Einer sollte im Kopfbereich des Fisches sitzen, der andere im hinteren Mittelbereich, eher etwas weiter zur Rückenflosse als zu weit zur Schwanzwurzel hin.

Systeme mit drei Drillingen verwende ich nicht, weil ich ein so stark armiertes System nach zu tiefem Schlucken kaum lösen kann, ohne den vielleicht untermaßigen Hecht zu verletzen. Auch mit an den Flanken frei herunterhängenden Drillingen des Systems habe ich keine guten Erfahrungen gemacht. Diese „Anker" vermehren die Hängergefahr, und ein toter Köderfisch, der mit starkem Schnurzug von einem Hindernis befreit werden muß, verursacht nicht nur überreichlich Turbulenzen am „Tatort", er sieht auch nach der Bergung nicht mehr so einladend und frisch aus und schmälert bei weiterer Verwendung die Chancen.

Aus England kommt ein einfaches System, Marke Eigenbau, das sich auch bei uns bewährt hat. Wir brauchen ein geschmeidiges Stahlvorfach, einen Drilling, einen Einzelhaken mit Öse und eine Bleiolive mit Drahtöse. Die Bleiolive wird auf den Hakenbogen gezogen und in das Maul des toten Köderfisches eingeführt, der Drilling mit zwei Haken in der Fischflanke verankert, während der Einzelhaken durch Unter- und Oberlippe gestochen wird. Mit drei oder vier Windungen legt man das Vorfach um den Hakenschenkel.

In Fließgewässern hat sich auch der sogenannte Spinnfisch bewährt. Dem toten Köderfisch wird in ca. 50 m Entfernung ein gut rotierendes Spinnerblatt vorgeschaltet. Durch das Spinnerblatt werden die Hechte zusätzlich angelockt.

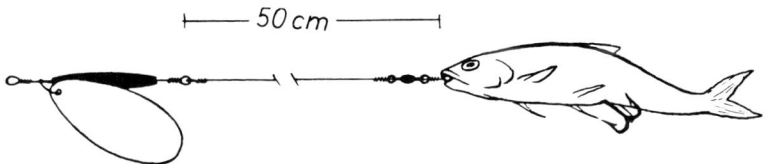

Toter Köderfisch mit vorgeschaltetem Spinnerblatt

Der lebende Köderfisch

Über die Beurteilung und Einschätzung des lebenden Köderfisches an der Hechtangel aus der Sicht des Gesetzgebers habe ich mich im Kapitel „Der lebende Köderfisch und die Gesetze" eindeutig geäußert. In Bundesländern mit Fischereigesetzen, die den lebenden Köderfisch schlichtweg verbieten, erledigt sich das Thema von selber. Der einzige Ausweg, den Hechten dort auf die Schuppen zu rücken, ist die Verwendung von Spinnködern und toten Köderfischen. Wie der Angler damit zum Erfolg kommt, habe ich in den vorangegangenen Kapiteln geschildert.

Dort, wo der lebende Fisch als Köder eindeutig auf der Verbotsliste steht, ist es nicht zu verantworten, Finten und Manipulationen anzuwenden. Ein ganz „schlauer" Petrijünger empfahl in einer Zeitschrift seinen Zunftgenossen, bei einer Kontrolle den Anhieb so heftig zu setzen, daß der Köderfisch von allein ausschlitzt und das „Beweisstück" dadurch verschwunden ist. Diese oder ähnliche Tricks sind, da gesetzwidrig, abzulehnen.

Viel schwieriger zu entscheiden ist hingegen die Frage, wie ein Konflikt mit dem Tierschutzgesetz, § 17, Absatz 2b, zu vermeiden ist. Wir haben im o. a. Kapitel gelesen, daß die eigenverantwortliche Entscheidung des Anglers gefragt ist, um zu prüfen und zu begründen, daß ein „vernünftiger Grund" für die Verwendung des lebenden Köderfisches vorliegt. Erst wenn der Angler erfolglos alle anderen Methoden ausprobiert hat, sollte er entscheiden, ob als letzte Möglichkeit mit dem lebenden Köderfisch geangelt werden darf.

Aus meiner Erfahrung als passionierter Spinnangler habe ich im Kapitel „Grenzen des Spinnköders" Situationen geschildert, in denen der künstliche Köder, trotz aller Versuche und Finessen, nicht zum Erfolg führte. Alle diese Fälle sind praxisorientiert, ob sie juristisch haltbar sind, kann ich natürlich nicht entscheiden.

Persönlich würde ich heute jedem Raubfischangler in der Bundesrepublik raten, auf Hechte mit künstlichen Ködern oder mit dem toten Köderfisch zu angeln und wegen der unsicheren Rechtslage auf den lebenden Köderfisch zu verzichten. Viele tausend Angler fahren jedoch jährlich in andere Länder, in denen das Angeln mit dem lebenden Köderfisch überhaupt nicht umstritten, geschweige denn verboten ist. Auch ihnen würde ich raten, künstliche oder den toten Köderfisch für den Hechtfang zu bevorzugen. Wer aber glaubt, auf den Lebendköder nicht verzichten zu können, sollte den Fisch, den er am Haken befestigt, so schonend wie möglich behandeln. Überwiegend diesen Gastanglern im Ausland gelten die folgenden Abhandlungen über eine weitgehend schonende Verwendung des lebenden Köderfisches an der Hechtangel.

Das Anködern eines lebenden Fisches sollte niemals gedankenlos und mit reiner Routine erfolgen. Hier wird, ob verboten oder nicht, die äußerste Grenze der vielzitierten Waidgerechtigkeit tangiert und manchmal auch überschritten. Aus dieser Sicht ist es eine Selbstverständlichkeit, den Fisch, dort, wo es erlaubt ist, so schonend wie möglich anzuködern, auszuwerfen und einzuholen. Ob der Angler mit Doppelhaken oder Drilling fischt, er wird nur *einen* Haken für den Einstich verwenden, und dieser notwendige Einstich sollte nicht ins tiefe Rückenfleisch führen, sondern möglichst hoch zur Rückenflosse.

Für die sogenannte Lippenköderung kommt meines Erachtens nur der Einzelhaken in Frage. Man sollte sich übrigens grundsätzlich überlegen, ob es immer der überlieferte Drilling sein muß oder ob nicht auch ein guter Einzelhaken zum gewünschten Fangerfolg führt. Ob Einzelhaken, Zwilling oder Drilling, es ist darauf zu achten, daß die Hakenspitzen nicht stumpf sind.

Der Angler unterscheidet Rückenflossenköderung, Schwanzwurzelköderung und Lippenköderung. Alle diese Anköderungsarten an lebenden Fischen sollten mit nadelspitzen Haken vorgenommen werden.

Bei allen Vorbehalten gegen das Hechtangeln mit lebendem Köderfisch ist unbestreitbar, daß diese seit vielen Jahrhunderten betriebene Methode die erfolgreichste ist. Der lebende Köderfisch war über Jahrhunderte die Hechtfangmethode schlechthin.

Lippenköderung mit Einzelhaken

Ich erinnere mich noch sehr gut meiner angelintensiven Jugendzeit in Pommern. Wenn Vater und ich mit unserem alten Fischerkahn, „Kreuzer Peinemann" genannt, die Reusen und Schnüre gelegt hatten, steuerten wir eine stille „Köderfischbucht" des Warsower Sees an, und mein Vater sagte: „Jung, nun angel mal 'n paar Fische für die Hechte!" Während er zwei Hechtangeln, eine sogar schon mit Achsrolle, montierte, warf ich eine Handvoll Brotkrümel, direkt aus der Hosentasche, ins Wasser, knetete mit dem Wasser einen Klumpen Brot weich, griff zu unserer im Schilf versteckten dünnen, geschälten Haselnußgerte, befestigte oben eine auf einem Brett aufgerollte Angelschnur aus Sternzwirn, köderte ein winziges Stückchen Teig an und beobachtete voller Spannung die kleine Federkielpose. Bald zappelte der erste Köderfisch am Haken. Vater beobachtete mich aus den Augenwinkeln, lobte oder tadelte: „Das ist ein guter Plötz, da freut sich der Hecht"; „paß auf, du mußt den Haken vorsichtiger lösen"; „nee, das is'n Roddow (Rotfeder), der schießt immer nach oben und verzottelt uns die Schnur!"

Dann war auch schon die erste Hechtangel draußen, die zweite folgte. Die roten Korkposen tanzten auf dem Wasser. Ich durfte aufpassen, während Vater etwas weiter entfernt, vom Boot aus, noch zwei „Puppen" vor die Schilfkante setzte. Das waren dicke Korken, von einem Pflock durchbohrt. Unten war der Pflock gespalten, darüber waren sorgfältig zehn Meter brauner Schnur gewickelt. Vater wickelte einen Meter ab, befestigte Wickelblei an der Schnur, köderte eine Plötze an und klemmte die Schnur in den Spalt des Stockes. Der Klammerdruck im Spalt war stark genug, den Köderfisch zu halten, packte aber ein Hecht zu, so rutschte die Schnur aus der Kerbe, und der Hecht hatte die Möglichkeit, sich auszutoben.

Ich will mit dieser Erinnerung an frühe pommersche Angelzeiten nur deutlich machen, daß wohl jeder Angler ohne Bedenken den Köderfisch benutzte. Man mag diesen „goldenen" Köderfischzeiten nachtrauern oder im Laufe der Jahre auch eingesehen haben, daß ein zappelnder Fisch am Haken, von vornherein dazu bestimmt, gefressen zu werden, nicht gerade ein Musterbeispiel der allseits angestrebten Waidgerechtigkeit sein dürfte. Bedauern, Einsicht oder Protest, die Zeiten und die Auffassungen über Tierschutz und zulässige Angelmethoden haben sich geändert. Gesetze und Bestimmungen müssen eingehalten werden.

Die älteste Köderfischmethode ist sicherlich auch die beste. Eine gut sichtbare Pose trägt ein Blei, ein Stahlvorfach und einen Drilling, an dem ein Fisch mit Rückenköderung eingehakt ist. Diese Montage wird mit sanftem Schwung an hechtverdächtiger Stelle ausgeworfen. Um dem Fisch genügend Bewegungsmöglichkeit zu geben, sollte das Vorfach mindestens 30 cm lang sein.

Hechtposen werden leider auch heute noch oft mit Bojen verwechselt. Zwar sollen diese Bißanzeiger gut sichtbar sein und Blei und Köderfisch tragen, dennoch ist es ein Fehler anzunehmen, dem Hecht sei es schnuppe, ob er nach dem Biß ein Leichtgewicht an Pose oder einen bojenartigen Proppen mit starkem Auftrieb hinter sich herzieht. Der ständige Widerstand behagt ihm überhaupt nicht und veranlaßt ihn, öfter als man glaubt, die schon sichere Beute wieder loszulassen.

Ein weiterer Hemmschuh beim Hechtangeln ist das Stahlvorfach. Früher gab es nur ziemlich robuste, sperrige Stahlvorfächer, heute haben wir feinste Vorfachware, mit Nylon ummantelt, grün geflochten und nicht dicker als die Hauptschnur, oder aus allerfeinster Stahllitze gedrehtes Material auf Spulen zur beliebigen Längenmontage, schließlich Vorfächer aus geschmeidigem Kevlar und aus anderen Kunststoffen.

Während ich beim Spinnangeln meistens drauf verzichte, empfehle ich beim Angeln mit dem Köderfisch dringend die Verwendung eines Stahlvorfaches, denn diese Angelart bringt es mit sich, daß der Hecht nicht selten den Köder schluckt und damit die Gefahr besteht, daß sich eine normale Schnur an den scharfen Hechtzähnen durchscheuert. Dem heute vorhandenen feinen Vorfachmaterial können keine fangmindernden Eigenschaften nachgesagt werden.

Die Gründe des Erfolges beim Hechtangeln mit lebendem Köderfisch sind in folgenden, unbestreitbaren Tatsachen zu suchen: Dem Hecht wird ein buchstäblich natürliches Angebot vorgesetzt. Der Angler hat die Möglichkeit, auch dort seinen Köderfisch anzubieten, wo auch der versierte Spinnangler Schwierigkeiten hat, den künstlichen Köder fanggerecht zu servieren (siehe Beispiele im Kapitel „Grenzen des Spinnköders"). Die Eigenbewegung des Köderfisches am Haken sowie Wind, Wellen und Strömung sorgen dafür, daß eine bestimmte Strecke abgesucht werden kann, nicht so weiträumig wie beim Spinnfischen, aber auch nicht fixiert auf eine Stelle. Manchmal ist jedoch die punktuelle Befischung einer bestimmten Stelle durchaus erwünscht und angebracht, nämlich dann, wenn der Angler den Hecht durch Raubverhalten immer wieder in einem bestimmten Revier beobachtet hat.

Wichtig ist die Tiefe, in der ein Köderfisch angeboten wird. Wie bei keinem anderen Köder ist der Hecht bereit, nach einem höher stehenden Köderfisch zu steigen. Das ist verständlich. Bei einem hoch vorbeiziehenden Blinker wird, buchstäblich, ein vorübergehender Reiz auf den unten lauernden Hecht ausgeübt, dem er aus Vorsicht häufiger widersteht als nachgibt.

Ein lebender Köderfisch an der Angel schwimmt permanent oder zumindest über einen längeren Zeitraum im Hechtrevier. Irgendwann wird dem Hecht die Sache zu dumm, er attackiert den Fisch, auch wenn er keinen Hunger hat, weil er sich belästigt fühlt oder sein Raubinstinkt mit ihm durchgeht.

Bei sechs Metern Wassertiefe lockt ein drei Meter tief schwimmender Köderfisch sowohl Hechte im Mittelwasser als auch Grundhechte. Die halbe Wassertiefe ist also eine gute, probate Grundregel. Angelt man mit etwas größerem Köderfisch auf Großhechte, ist es angebracht, wenn die Bodenverhältnisse es erlauben, mit dem Köderfisch in das letzte Drittel der Wassertiefe zu gehen. Es ist eine Binsenweisheit, daß wir in extrem sauerstoffarmen Tiefen überhaupt keinen Köderfisch anbieten, weil sich dort mit Sicherheit kein Hecht aufhält.

Seitdem es überhaupt kein Geheimnis mehr ist, daß der Hecht, ähnlich wie der Zander, auch tiefstehende Fische annimmt, ja sie sogar direkt vom Grund aufnimmt, sind immer mehr Angler dazu übergegangen, Köder ohne Pose direkt am Grund anzubieten. Die Montage ist einfach. Auf die Schnur, zwischen 0,30 und 0,40 mm, kommt ein Durchlaufblei als Olive oder Kugel, gestoppt durch einen Tonnenwirbel mit Karabinerhaken. In den Karabinerhaken wird ein dünnes Stahlvorfach zwischen 30 und 70 cm Länge eingeklinkt. Den Abschluß bildet, wiederum an einem Karabinerhaken befestigt, ein Drilling, Zwilling oder ein Einzelhaken. Jeder Angler kann diese Montage nach seinen Vorstellungen variieren, sollte dabei aber bedenken, daß zusätzliche Raffinessen oft auch zusätzliche Komplikationen mit sich bringen.

Kleinere Köderfische werden schonend an der Schwanzwurzel angeködert, größere im Rückenflossenbereich. Das Grundblei muß so schwer sein, daß es nicht beliebig vom Köderfisch weggezerrt werden kann. Es muß den Fisch auf einen bestimmten Umkreis fixieren.

Der Nachteil des lebenden Köderfisches liegt für den Angler darin, daß der Fisch in den Bodenbewuchs abtaucht oder sich in anderen Verstecken verklüftet. Hier kann ihn sich zwar der Aal holen, der Hecht hingegen ist kein Such- oder Wühlfisch. Darum ist es wichtig, daß der Angler, der mit lebendem Köderfisch am Grundblei fischt, den Gewässerboden einigermaßen kennt. Das kann durch Rückschlüsse auf den Typ des Gewässers oder durch genaue Beobachtung der noch einsehbaren Uferregion geschehen. Bei einem relativ jungen Kiessee ist die Wahrscheinlichkeit eines „sauberen" Bodens ohne wuchernden Bewuchs und andere Hindernisse wahrscheinlicher als bei einem älteren Natursee mit Laub- und Pflanzenablagerungen und mit dichtem Uferbewuchs.

Bei einem Gewässer mit starker Schlammbildung am Grunde ist der Einsatz des lebenden Köderfisches an der Grundangel ziemlich zwecklos. Der Fisch ermüdet irgendwann, sinkt ein und lockt in dieser Position den Hecht überhaupt nicht. Hier ist immer ein tief angebotener Fisch an der Posenangel vorzuziehen.

Die sogenannte Lippenköderung mit Einzelhaken durch die Nasenöffnung ist nur bei kleinen Fischen bis 8 cm angebracht. Sie hat sich besonders in fließenden Gewässern an der Grundangel bewährt, wenn die Strömung vom fixierten Blei aus das Vorfach fortträgt, so daß am Ende der Fisch mit dem Kopf gegen die Strömung im Wasser steht.

Ich möchte noch einmal auf die schonende Anköderung des Fisches zurückkommen. Immer wieder haben sich besorgte Angler Gedanken darüber gemacht, wie sie den lebenden Köderfisch völlig unverletzt anbieten können, und sie sind dabei zu bemerkenswerten Resultaten gekommen. Diese Methoden der Anköderung ohne Einstich sind auch publiziert und teilweise von Geräteherstellern berücksichtigt worden. Sie gerieten dann aber mehr oder weniger in Vergessenheit, weil gerade diese Methoden auch ihre Nachteile haben und weil es für den Angler einfacher ist, den Köderfisch durch Einstich direkt am Haken zu befestigen. Aber wie gesagt, schonende Anköderung ist das Gebot der Stunde!

Durchgesetzt hat sich ein Kompromiß, das sogenannte Schnappsystem, bei dem der Köderfisch nur mit einem kleinen Einzelhaken im Rücken festgehalten wird, während ein oder zwei Drillinge, wie Steigbügel an einem Sattel, frei an den Flanken des Fisches herunterhängen. Der Nachteil dieses Schnappsystems: Die frei herunterhängenden Drillinge bleiben leicht im Unterwasserbewuchs hängen, und es besteht auch die Gefahr, daß die Schnur sich in den Drillingen verfängt.

Sinnvoller erscheint mir ein leicht abgewandeltes Schnappsystem mit einem verstellbaren Einzelhaken zur schonenden Anköderung und zwei Zwillingshaken an den Flanken. Diese Haken hängen nicht frei herunter, sondern sind unter dem Fischbauch miteinander verbunden. Dieses System bedeutet eine zusätzliche Halterung des Köderfisches und verhindert ungewollte Einstiche, wie sie beim Drilling schon mal vorkommen.

Nun aber zu den Anköderungsmethoden ohne Einstich und damit ohne Fischverletzung. Mir wurde während meiner Zeit als Chefredakteur von „Fisch und Fang" von einem cleveren Bastler und anerkannt gutem Angler einmal ein sehr leichtes, innen mit weichem Schaumstoff gefüttertes Klammersystem geschickt. Dieses etwa 2 cm breite Korsett aus Leichtmetall paßte sich der Fischform genau an, saß im Rückenbereich ziemlich fest und konnte durch ein strammes Gummi unten am Bauch des Fisches befestigt werden. An den Seiten, vom Vorfach ausgehend, hingen wie beim Schnappsystem zwei Drillinge herunter, die mit den Flanken des Fisches nicht in Berührung kamen.

Da ich damals schon Spinnköder bevorzugte, habe ich dieses System leider nicht am Wasser ausprobiert, der Leser versicherte jedoch glaubwürdig, mit dieser Konstruktion gut zurechtzukommen. Bei mir blieb eine gewisse Skepsis wegen des teilweise „gepanzerten" Aussehens des Fisches und wegen der Schwimmbehinderung durch die Klammer.

Einfacher und optisch unverdächtiger war eine ähnliche Konstruktion aus Gummiband. Sie erwies sich in der Praxis allerdings als nicht optimal. Wählte man ein lockeres Gummiband, so flutschte der Köderfisch oft schon beim Auswerfen heraus, spannte man das zweistrangige Korsett zu stramm, so schnitt das Gummiband zu stark ein.

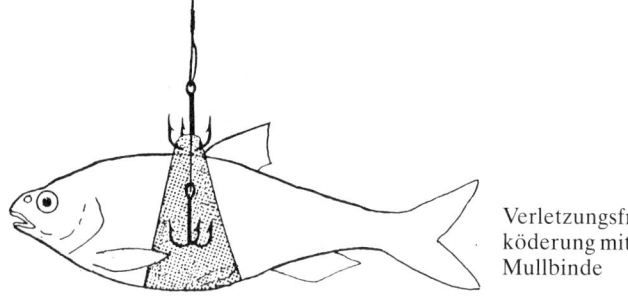

Verletzungsfreie Anköderung mit elastischer Mullbinde

Bewährt hat sich eine dritte Methode der verletzungsfreien Anköderung. Dem Köderfisch wird eine unten etwa 5 cm breite, sich nach oben verjüngende Binde aus weitmaschigem Mullgewebe umgelegt. Man kann sich eine solche Binde auch aus einer alten Strumpfhose schneiden. Der Drillingshaken wird oben nur durch das Gazematerial gestochen, oder es wird ein Einzelhaken zur Befestigung gewählt, während seitlich, mit dem Vorfach verbunden, wie bei der Schnappangel ein oder zwei Drillinge herunterhängen.

Bei der Anköderung an der Schwanzwurzel läßt sich ein Einstich ohne größere Schwierigkeiten und Nachteile vermeiden. Man bindet den Hakenschenkel mit einigen Windungen Bindegarn oder Zwirn an der Schwanzwurzel fest. Diese Windungen behindern den Fisch nicht und sorgen auch für sicheren Sitz.

Ich bin kein besonders guter Bastler, meine aber, daß es sich lohnt, weiterhin dem Gedanken eines verletzungsfreien Systems nachzugehen. Zwei problematische Schwachpunkte sind dabei zu überwinden. Der Köderfisch darf nicht aus der Halterung rutschen, er darf aber auch nicht durch zu stramme Einspannung verletzt werden. Mit einer guten Methode in dieser Richtung wäre zumindest der Vorwurf einer Verletzung und damit der Schmerzzufügung gegenstandslos.

Es ist meines Wissens richterlich noch nicht entschieden, ob verletzungsfreie Methoden der Anköderung lebender Köderfische nicht auch als „leidenerzeugend" unzulässig sind.

Das Schleppangeln

Einen eigentlich selbstverständlichen Grundsatz hatte ich bei meinem ersten Schleppangelversuch nicht beachtet, und damit war die Pleite beinahe vorprogrammiert. Als Gastangler bekam ich von einem freundlichen Pächter die Erlaubnis, mit seinem alten Kahn auf einem See in Schleswig-Holstein auf Hechte zu schleppen. Nun gut, dachte ich, Schleppangeln ist Spinnfischen mit zusätzlichen Möglichkeiten. Ich nahm meine 2,40 m lange Spinnrute und eine ebenfalls montierte Ersatzrute mit ins Boot, legte meinen Watkescher bereit und ruderte los. Als ich tieferes Wasser erreicht hatte, etwas seewärts der Scharkante, warf ich einen 12 g schweren Blinker nach achtern aus, klappte den Rollenbügel um, legte die Rute so ins Boot, daß nur noch eine Spitzenlänge von 30 cm über das Heck hinausragte und ruderte ohne Hast los. Die Bremse der Rolle war halbstark auf Knarre gestellt.

Natürlich hatte ich mir das Innere des Kahns vorher angesehen. Eine vernünftige Halterung für die Rute war nicht vorhanden. Zwar hätte es unten an der Leiste zum Abstützen der Füße eine Möglichkeit gegeben, die Rute in Griffhöhe festzubinden, aber, so folgerte ich messerscharf, ich müßte dann ja bei einem rasanten Hechtbiß erst einmal die Schleife oder Schlaufe lösen, und diese Sekunden ohne direkten Handkontakt mit dem Hecht schienen mir zu risikoreich.

Ich ließ die Rute nicht frei im Boot liegen, sondern klemmte sie mit dem Griff zwischen meine gummibestiefelten Füße. Wohlgemut hatte ich eine ganze Strecke gerudert, als es kurz, aber energisch knarrte und gleich darauf polterte. Ruder loslassen und Griff zur schnell entschwindenden Rute waren eins. Trotzdem kam die Reaktion um eine Sekunde zu spät. Die Rute ging achtern über Bord – ein Anblick, der mir unvergeßlich bleiben wird. Geschätzte Wassertiefe etwa sechs Meter. Ich griff sofort zu meiner zweiten, vorn liegenden Spinnrute und hatte schon beim zweiten Wurf das Glück, mit dem Drilling meines Blinkers die Schnur zu fassen, und ich spürte starken Widerstand. Es gelang mir, die Schnur der Tauchangel heranzuziehen. Ich griff sie mit der Hand. Doch jetzt, ohne die Federkraft der Rute, nahm der Hecht seine Chance wahr: Ein Ruck, und die Schnur war schlaff!

Ich will es kurz machen, es gelang mir, meine Rute zu bergen und damit das Chaos in Grenzen zu halten. Aber eines blieb klar: Ein Ruhmesblatt war der Auftakt meiner Schleppanglerlaufbahn wirklich nicht. Seitdem heißt meine erste Bedingung beim Schleppangeln: Rute irgendwie befestigen, sich weder auf Fuß- noch auf Kniedruck verlassen. Schleppangler mit eigenem Boot haben meist entsprechende Ruterhaltungen an der Rückseite der Ruderbank oder achtern am Heck angebracht.

Rechtwinkelig seitlich abstehende Rutenhalter für die Rutengriffbefestigung sind meines Erachtens nicht empfehlenswert, es sei denn, der Angler fischt mit schwerer Rute, die in dieser Position einen plötzlichen Biß oder einen klotzigen Hänger ohne Bruchgefahr übersteht. Aber genau das ist ja die Methode, die das Schleppangeln als Fischfang auf Biegen und Brechen mit Hochseegerät mancherorts in Verruf gebracht hat.

Es gibt allerdings eine Ausnahme von der Regel, daß zum Hechtschleppen kein schweres Gerät gehört. In einigen großen Alpen- und Voralpenseen wird mit kräftigen Ruten oder „Hundsstangen" geschleppt, wobei sogenannte „Seehunde" oder „Scherbretter" mit schrägen Steuerflächen dafür sorgen, daß je zwei Schleppschnüre seitlich ausgefiert werden. Die „Seehunde", die auch als Bißanzeiger dienen, laufen an 0,60 bis 0,80 mm starken Schnüren. Zwischenschnüre und Vorfächer, meist durch Anti-Drall-Bleie, also Exzenterbleie, verbunden, sind noch einmal 30 bis 70 m lang. Es bedarf erheblicher Geschicklichkeit und Erfahrung, diese Schleppmontage zu Wasser zu lassen und zu führen. Da gerade auf den beliebten großen Seen im Alpenraum teilweise auch starker Sportbootverkehr herrscht, kommt es leicht zu Kollisionen und „Verwicklungen". Darum ist das Schleppen mit dem „Seehund", auch „Paravan" genannt, nicht überall, wo es von der Seestruktur her angebracht wäre, erlaubt.

Mir genügt auf den gängigen, normalen Seen im Binnenland eine Rute achteraus. Ich kann sie genau im Auge behalten und habe sie, wenn es sein muß, auch schnell im Griff. Von einem Anschlag durch schnelle Ruderschläge halte ich nichts.

Ist keine Schlepprutenhalterung im Boot vorhanden, befestige ich den Rutengriff mit Schlaufe an einem dünnen Seil oder Bindfaden. Besteht keine andere Befestigungsmöglichkeit im hinteren Bootsteil, so kann es ruhig das Seil sein, das vorn am Bug sitzt. Ich hole mir das Ende nach hinten, feuchte es an und schlaufe den Rutengriff ein. Ganz gleich, an welcher Stelle ich mein Halteseil im Boot befestige, es muß immer so lang sein, daß ich genug Spiel habe, um den Anhieb zu setzen.

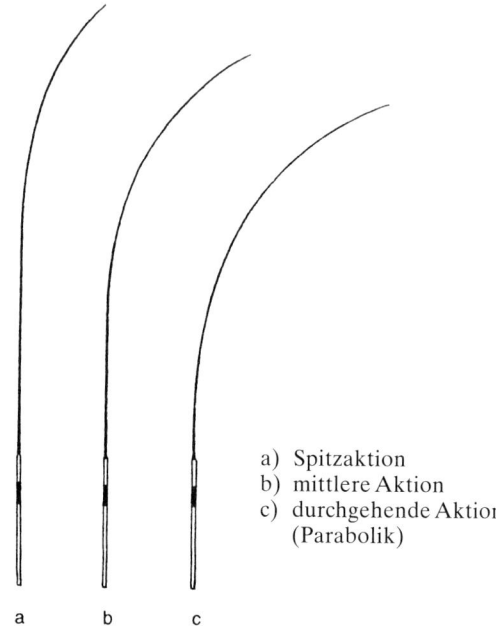

a) Spitzaktion
b) mittlere Aktion
c) durchgehende Aktion
   (Parabolik)

a   b   c

Wenn alles richtig sitzt, der Hecht, die Bremse und der Angler, streife ich in Sekundenschnelle die Schlaufe ab und kann jetzt völlig frei drillen.

Für mich ist das Schleppangeln eine Fortsetzung des Spinnfischens unter anderen Bedingungen und mit etwas anderem Gerät. Sehr feine Spinnruten scheiden genauso aus wie dicke „Besenstiele". Aber eine normale Spinnrute mit festem Rückgrat und durchgehender Aktion ist allemal zum Schleppangeln geeignet. Die Schnur sollte etwas stärker als beim Spinnen sein. Also Spulenwechsel und die 0,30er mit der 0,40er Schnur getauscht. Geschmeidige Stahl- oder Kevlarvorfächer sind sehr zu empfehlen. Ich nehme zum Schleppen auch etwas größere Blinker, etwa 10 cm und länger, nicht so dickwandig, weil sie schon beim Auswerfen und auch beim langsamen Schleppen zu schnell absinken. Schleppabstand vom Boot etwa 25 bis 40 m, je nach Wassertiefe und Ködergewicht. Schlepptiefe: Etwas mehr als die halbe Wassertiefe. Der Blinker läuft als Schleppköder gut, wenn der Angler nicht den Fehler macht, sich zu stark in die Riemen zu legen. Könnte er beim hastigen Hauruck-Rudern seinen Blinker sehen, so würde er staunen, wie hoch er schwimmt.

Rudergeschwindigkeit und Schlepplänge sind richtig, wenn der Blinker hin und wieder, aber nicht zu häufig, Grundberührung hat. Das mag zwar im ersten Moment ärgerlich sein, weil der Blinker eingeholt und vom Kraut befreit werden muß, aber jede Hektik ist beim Schleppen völlig fehl am Platz. Und nach deutlicher Grundberührung einfach weiterzurudern, wahrscheinlich mit Krautanhang, das bedeutet Verzicht auf Fangchancen.

Wie beim Spinnangeln gibt es auch beim Schleppen Hechtbisse ohne Hakenberührung, sogenannte Wischer. Zurückrudern und erneut die Hechtstelle überschleppen? Nicht zu empfehlen. Für solche Zwecke liegt bei mir im Boot eine zweite Spinnrute mit normaler Bestückung. Sobald ich die Schlepprute nach einem Wischer eingezogen habe, rudere ich ein paar Schläge zurück und suche mit einigen Würfen die „heiße" Stelle ab. Und aus dem Wischer, der für mich in diesem Fall nicht mehr als ein Signalgeber war, wird gar nicht so selten ein „anständiger" Biß.

Bei jedem spürbaren Annäherungsversuch eines Fisches beim Schleppangeln gilt ein abschätzender Blick dem Ufer. Schnell merke ich mir einen markanten Punkt. Baum genau seitlich steuerbord plus 30 m Schnurlänge = Hechtrevier. Herrscht starker Gegenwind, um so besser, dann lasse ich mich mit Windkraft zurücktreiben, bei Rückenwind rudere ich im Bogen um die Bißstelle herum und lasse mich mit der Spinnrute in Aktion darüber hinwegtreiben. Bläst der Wind zu stark, treibt also das Boot zu schnell ab, so lasse ich in der Nähe der verdächtigen Stelle einen bereitliegenden Anker am Bug herunter, alles ohne Hast und Krach, und befische dann vom hinteren Bootsraum aus die Hechtzone. Ich nenne das kombiniertes Hechtschleppen.

Die ganze Prozedur des Nachfassens mit der zweiten Rute ist ziemlich zwecklos, wenn der Hecht beim Schleppen schon fest am Haken gesessen hat und während des Drills abgekommen ist. In diesem Fall setze ich meinen Schleppkurs fort und bestreiche auf dem Rückweg mit der Spinnrute das Gebiet noch einmal.

Noch besser als der Blinker ist der Wobbler für das Schleppangeln geeignet. Ich bevorzuge den Schwimmwobbler, der neugierig seine Nase aus dem Wasser streckt und erst beim Zug an der Schnur abtaucht. Läßt der Zug nach, kommt unser Wobbler brav wieder nach oben. Er ist ein Schleppköder nach Maß. Ich nehme ihm aber erst einmal den baumelnden Bauchdrilling ab und begnüge mich mit dem Schwanzdrilling. So reduziere ich Krauthänger und Schnureinfänge und habe reelle Chancen, untermaßige Hechte, die sich auch an einen größeren Wobbler vergreifen, schonend zurückzusetzen.

Den Schwimmwobbler werfe ich nicht aus. Ich lasse ihn achtern ganz sanft zu Wasser, befestige die Rute, öffne den Schnurfangbügel und rudere ganz langsam in Schlepprichtung. Bei richtig aufgespulter Schnur, zwei bis drei Millimeter unter dem Rand, ohne Stopper und natürlich ohne Knoten, perlt die Schnur ganz sauber von der Spule.

Ist er weit genug entfernt, klappe ich den Rollenbügel um, mein Köder bekommt nun Spannung, taucht und wobbelt. Beim Tauchen verhält er sich genau umgekehrt wie der Blinker. Bei schnellem Rudern steigt der Blinker, während der Wobbler, durch die Stellung der Tauchschaufel, nach unten abtaucht. Stoppe ich das Boot, so sinkt der Blinker auf den Grund, mein Wobbler zeigt sich dagegen an der Oberfläche.

Spätestens beim Keschern eines Hechtes wird auch der Skeptiker einsehen, daß *ein* Drilling für den Wobbler vollauf genügt, denn bei zweien hat er nun das zweifelhafte Vergnügen, nicht nur den Hecht, sondern auch den Kescher vom Drilling zu lösen. Ersteres geht meistens ruckzuck. Die zu einem Knäuel zusammengezogenen Keschermaschen erweisen sich da als weit hartnäckiger.

Mit dem Wobbler an der Schleppangel wird uns auch ein weiterer Vorzug einer mittelleichten Rute deutlich. Wir sehen am regelmäßigen Vibrieren der Rutenspitze, daß unser Köder gut läuft. Bei schwerem Schleppgerät spielt rein gar nichts.

Recht gut eignen sich auch Weichplastikfische zum Schleppen. Von der Konstruktion her sind sie oft zu leicht. Eine zusätzliche Beschwerung innerhalb des Fischkörpers ist dann notwendig. Ich stecke den Weichfischen, wie schon im Kapitel „Spinnangeln" erwähnt, über das Stahlvorfach eine zweite Bleiolive ins Maul.

Es hat sich nicht so gut bewährt, den Weichplastikfisch über große Strecken suchend zu schleppen. Er sollte vielmehr dort streckenweise benutzt werden, wo man einen großen, schlauen Hecht vermutet, der, gewitzt durch Erfahrungen, den Blinker ignoriert.

Da der Köder beim Schleppen meist lange Strecken zurücklegt, erheblich längere als beim Spinnangeln, besteht erhöhte Gefahr von Schnurverdrallungen. Dagegen wird eine Anti-Kink-Scheibe aus Kunststoff empfohlen, etwa 30 cm vor dem Spinnköder an der Schnur befestigt. Daß ich bisher ohne diese Hilfe ausgekommen bin, mag daran liegen, daß ich auf gut laufende Wirbel großen Wert lege. Angerostete, beschädigte oder verbogene Wirbel gehören nicht an die Schleppschnur. Ein gut laufender, genügend großer Wirbel ist in der Lage, selbst bei stark rotierenden Spinnern Verdrallungen und Verdrehungen in der Schnur zu verhindern.

Hecht-Gedanken
anstelle eines Schlußwortes

Meinen nördlichsten Hecht fing ich in Alaska. Zwischen Hunds-, Buk-
kel- und Königslachsen in großer Auswahl schnappte eine exotische Ra-
rität in jenen fernen Revieren meinen Blinker: Voller Überraschung
nahm ich Freund *Esox* in Empfang, ein schon vom Geruch her nicht zu
verwechselnder Gruß aus der Heimat.

Für ein paar Sekunden stahl er sogar dem 15-kg-Königslachs, den ich
zuvor gefangen hatte, die Schau. Plötzlich war er der King. Vorsichtig
setzte ich ihn zurück. Ein toller Hecht, dachte ich, dieser schlanke,
schöne, gelb gefleckte Fisch mit der mächtigen Schwanzflosse und dem
breiten Schädel. Und so etwas Uriges und Schönes wächst in unseren
Seen und Flüssen zu Hause zu beachtlichen Größen heran. Für einen
Augenblick vergaß ich die unberührte, einladende und zugleich abwei-
sende Landschaft um mich herum. Dem Hecht war es doch tatsächlich
gelungen, ein bißchen Heimweh in meine Alaska-Gedanken zu mi-
schen.

Als ich die Mitangler, die mit mir fischten, einholte, ließ ich sie an
meinen Händen schnuppern. „Mann, riechst du immer noch nach
Hecht?" frozzelte Karl-Heinz. „Nee, schon wieder", antwortete ich,
und wir tranken einen ganz kleinen Schluck aus dem Flachmann auf
den Pike in Alaska und auf die Hechte zu Hause.

Die Hechte daheim. Obgleich relativ robust und anpassungsfähig,
müssen wir Angler aufpassen, daß unsere Hechtbestände erhalten bleiben. Es gibt schon deutliche Anzeichen dafür, daß auch der „unverwüst-
liche" *Esox* in einigen Gewässern und Regionen gefährdet ist. Würden
Angler nicht mit großem finanziellen und ideellen Aufwand immer wieder Junghechte einsetzen und Gewässerpflege betreiben, sähe es mit
den Beständen wohl schon recht traurig aus. Es war auch früher nicht
angebracht, den Hecht ohne Rücksicht auf Verluste zu verfolgen.
Heute ist, bei aller Freude an der Fischwaid, Schonung und angemessene Anpassung an die ökologischen Gegebenheiten das Gebot der
Stunde.

Der hat gut reden, könnten Kritiker sagen, der hat in seiner Anglerlaufbahn über 400 Hechte gefangen. Jede Medaille hat zwei Seiten.

Durch Beiträge, Besatzgelder und durch viele Arbeitsstunden am Wasser, ohne Angelrute, habe ich dafür gesorgt, daß so um die 6000 Junghechte eingesetzt werden konnten. Ähnliche Bilanzen können auch andere Hechtfreunde aufweisen.

Wenn wir Angler, so weit wir es beeinflussen können, dann noch für gesundes Wasser und saubere Ufer sorgen und uns dafür einsetzen, daß auch andere Tiere, besonders die Wasservögel, sich an unseren Gewässern wohlfühlen, dann können wir uns auch gelassen und mit gutem Gewissen der Kritik stellen.

Und wenn ich die Hechtlage auch nicht so hintergründig listig und lustig sehe wie der Zeichner Arnold Wiles aus England, der seinen Angler von Hechten verfolgt sieht, die ihm den Friedfisch im Kescher nicht gönnen, den einen oder anderen guten Hecht werden wir auch in Zukunft fangen. Das wünscht allen Lesern

Georg Peinemann

Bücher für Angler

Bücher für Angler

Max von dem Borne/
Wolfgang Quint
Die Angelfischerei
Begründet von Max von dem Borne.
17. Auflage. Unter Mitwirkung zahl-
reicher Mitarbeiter herausgegeben
von W. Quint. 1988. 362 Seiten mit
425 Einzeldarstellungen in 282 Text-
abbildungen, 42 Tafeln mit 120 Abbildungen, davon 70 farbig. Gebunden
48,– DM

John Norman
**Die Hohe Schule
des Angelns**
Mit Englands Meisterfischern am
Wasser auf Aal, Barbe, Barsch, Blei,
Döbel, Hecht, Karpfen, Rotauge
und Schleie. Aus dem Englischen
übertragen und bearbeitet von
M. Grünefeld. 6. Auflage, neu-
bearbeitet von G. Peinemann. 1980.
153 Seiten mit 33 Abbildungen im
Text und auf 4 Tafeln. Gebunden
24,– DM

Horst Freund
Sportlicher Großfischfang
Eine Anleitung für den Fang kapitaler
Meeresfische. 1982. 141 Seiten mit
176 Abbildungen, davon 7 farbig.
Gebunden 16,80 DM

Ekkehard Wiederholz
Das große Köderbuch
Natürliche Köder und Kunstköder.
Beschreibung, Eignung und Anwendung der fängigsten Köder in der
Welt. 5., völlig neubearbeitete und
erweiterte Auflage. 1989. 210 Seiten
mit 149 Abbildungen, davon 40
farbig, und 1 Übersicht. Gebunden
39,80 DM

Ekkehard Wiederholz
Angelwürmer
Beschaffung, Hälterung, Transport
und Angeltechnik sowie Biologie und
Vermehrung. Unter Mitwirkung von
O. Graff. 1982. 106 Seiten mit 80 Einzeldarstellungen in 30 Zeichnungen
und 59 Fotos auf 16 Tafeln. Gebunden
16,80 DM

Jürgen Schrodt
**Insektenkunde für
Fliegenfischer**
Beobachtungs- und Bestimmungs-
hilfe, Wegweiser zum Angelerfolg.
1984. 168 Seiten mit 285 Einzeldarstellungen in 158 Abbildungen, in
8 Bestimmungsschlüsseln und mit
5 Tabellen. Kartoniert
36,– DM

Kurt Riener
Angeln im Mittelmeer
Angeltechnik, Köder, Fischarten.
Unter Mitarbeit von M. Stehmann. 3.,
völlig neubearbeitete und erweiterte
Auflage. 1989. 167 Seiten mit
159 Abbildungen, davon 10 farbig.
Kartoniert 32,80 DM

Jens Beucker
**Dämmerungs-
und Nachtangeln**
Ein Wegweiser zu unerwartet guten
Fängen. Unter Mitwirkung von
U. Böttcher, W. Maass, U. Marn,
F. de la Porte, E. Wiederholz und
J. Wittschier. 1987. 148 Seiten mit
109 Einzeldarstellungen in 55 Zeich-
nungen und 32 Fotos, davon 18
farbig. Kartoniert 36,– DM

Rudolf Sack
Große Fänge
Ein Wegweiser für den Angelerfolg in
Fluß, See und Meer. 3., neubearbeitete Auflage. 1983. 122 Seiten mit
61 Einzeldarstellungen in 43 Text-
abbildungen und 1 Tafel. Gebunden
14,80 DM

Preisstand: September 1989
Spätere Änderungen vorbehalten

**Verlag Paul Parey
Hamburg und Berlin**